为 更 好 的 生 活 而 思 考

思维的种子

批判性素养与课堂教学

[新西兰] 苏珊·桑德拉托（Susan Sandretto） 斯考特·克莱纳（Scott Klenner） 著
杜海紫 罗鹏 译
窦卫霖 审校

华东师范大学出版社
·上海·

图书在版编目(CIP)数据

思维的种子:批判性素养与课堂教学/(新西兰)苏珊·桑德拉托,(新西兰)斯考特·克莱纳著;杜海紫,罗鹏译.--上海:华东师范大学出版社,2024
ISBN 978-7-5760-4931-2

Ⅰ.①思… Ⅱ.①苏…②斯…③杜…④罗… Ⅲ.①中小学教育—教育研究 Ⅳ.①G632.0

中国国家版本馆CIP数据核字(2024)第110308号

思维的种子:批判性素养与课堂教学

著　　者　[新西兰]苏珊·桑德拉托　斯考特·克莱纳
译　　者　杜海紫　罗　鹏
审　　校　窦卫霖
责任编辑　张艺捷
责任校对　刘伟敏
装帧设计　刘怡霖

出版发行　华东师范大学出版社
社　　址　上海市中山北路3663号　邮编200062
网　　址　www.ecnupress.com.cn
电　　话　021-60821666　行政传真021-62572105
客服电话　021-62865537　门市(邮购)电话021-62869887
地　　址　上海市中山北路3663号华东师范大学校内先锋路口
网　　店　http://hdsdcbs.tmall.com

印 刷 者　上海盛隆印务有限公司
开　　本　787毫米×1092毫米　16开
印　　张　16.25
字　　数　242千字
版　　次　2024年9月第1版
印　　次　2024年9月第1次
书　　号　ISBN 978-7-5760-4931-2
定　　价　68.00元

出 版 人　王　焰

(如发现本版图书有印订质量问题,请寄回本社客服中心调换或电话021-62865537联系)

目　录

专栏目录

图目录

表格目录

致　谢

很少有书是独立完成的。本书也不例外。本书的不少观点和大部分思考都源自参与以下两个项目的教师与研究者的深度思考：批判性素养实践发展的合作性自学(Sandretto等，2006)和批判性素养发展与融合的合作性自学(Sandretto & Critical Literacy Research Team，2008)。这两个研究项目历时3年，主要由教学研究项目(the Teaching and Learning Research Initiative，简称TLRI)赞助，并获得了奥塔哥大学的研究资助(University of Otago Research Grant)和人文研究资助(Humanities Research Grant)。在研究进行过程中，批判性素养研究团队(the Critical Literacy Research Team，简称CLRT)的成员并不固定。在3年时间里，研究团队包括2名研究者，2名研究助理和来自5所学校的17名教师。感谢这些批判性素养研究团队(CLRT)成员们：艾尔西·博耶斯(Elsie Boyens)、吉尔·布朗(Gill Brown)、罗斯玛莉·科尔曼(Rosemary Coleman)、托尼·格雷翰姆(Tony Graham)、丽莎·汉森(Lisa Hansen)、乔·哈弗德(Jo Harford)、佩塔·希尔(Peta Hill)、雷·霍兰德(Rae Howland)、温蒂·拉莫德(Wendy Lamond)、斯考特·克莱纳(Scott Klenner)、菲利普·毛(Philip Maw)、雷·帕克(Rae Parker)、加斯·鲍威尔(Garth Powell)、图·考考(Tui Qauqau)、安德鲁·斯乔(Andrew Straw)、克利夫·斯威尔(Clive Swale)、彼德·索恩(Peter Thorn)、简·提尔森(Jane Tilson)、詹妮·厄普顿(Jennie Upton)和乔·瓦格瑞(Jo Weggery)。非常感谢凯伦·奈恩(Karen Nairn)博士作为研究导师对本项目的支持。

我还要感谢我的合作研究者简·提尔森。感谢您深化了我的思考，以及审阅本书的草稿。与您研究共事一直是桩乐事。

我要特别感谢菲欧娜·斯图尔特(Fiona Stuart)细致的校阅。本书的终稿离不开您那支红笔的贡献。

最后但同样重要的是,我要感谢我的合著者,也是我的丈夫:斯考特·克莱纳。斯考特与我合著的会议论文是《思维的种子》里两章内容的基础。他也批判性阅读了本书的其他章节并提出不少启发性建议。感谢他一直以来对我的支持。

缩略词

CLRT:批判性素养研究团队

EI:出门访谈

GRL:导读课

II:初期访谈

RTWD:研究团队工作日

SRI:刺激回忆访谈

TLRI:教学研究项目

WCL:整节课

序　言

新西兰官方教育政策并未要求学生参与批判性素养实践。虽然在1994年的《新西兰课程大纲英语》(*English in the New Zealand Curriculum*)里，开发者在谈到课程开发时暗示了批判性素养的立场，但最终，他们也只是在导论“过程线索”的“批判性思考”里写了短短一句话：

> 他们[学生]应该反思不同的社会假定、判断和信念。它们既存在于文本中，也由不同的人带入语言和学习中。

这句话一定是有人精心写下的，因为较之大纲初稿的措辞，它读起来更加铿锵有力。然而，虽然这个大纲文件是强制性的，这句话却被深深埋葬、再无声息。

2007年的《全国课程大纲》(*National Curriculum*)对于这一境况的改善毫无助力。而且正如苏珊·桑德拉托(Susan Sandretto)在本书中所言，哪怕已有两本和“高效素养实践”有关的书籍出版，素养教育关注的依然是个人和认知，并未明显转向社会文化型的素养观，并未将其作为一种社会实践。

虽然明确的伦理关注直到最后一章才姗姗来迟，但《思维的种子》一书的出版从很多方面来看是一个影响深远的伦理行动。首先，对许多教师来说，邀请苏珊进入他们的职业生活并尝试新事物是一场冒险，而这本书给了他们发声的机会。这些教师开始了一场未知之旅，但他们深知教学的伦理性本质，因为一个人的课堂实践不可避免地让这个人“代表什么”，而代表的身份会随师生关系的转变而变化。

批判性素养的基本前提是：素养至少部分是社会建构的产物，所有文本都对读者怀着某种企图。读者/观众/听众如何理解文本反映了它的效果。这些效果既是话语力量发挥作用的渠道，也常常涉及不公正的生产和固化。大纲文件、官方与商业资源和课堂实践既体现了素养及相应的素养教育，也是生产所谓“素养主体”的技术。我们的道德观要求我们根据效果来评判这些生产技术。如果我们认为这些技术是压迫性的，我们有义务行动起来。本书的出版是一个亲切但难以抗拒的邀请，呼吁新西兰的教师们改变教学实践；这是一场伦理行动，因为它深信让学生参与批判性素养是桩“善事”。

最后，无论你支持哪种批判性素养——苏珊对该话题的介绍为这种思考提供了极好的概念框架——伦理问题始终是核心。批判性素养有两重目的：一是让文本消费者在接触文本时更明智更理性；二是理解当他们支持某种观点（或话语）时的潜在社会影响。因为后者让人们把“他者”当成自我，因此具有深刻的伦理性质。这是古老的智慧，也让本书成为新西兰教育图景上的一座里程碑。

泰瑞·洛克教授

怀卡托大学教育学院

第一章　导言：在多元素养环境中定位批判性素养

概述

无论哪一晚，若你在茶余饭后来我家的休息室，你可能会看到以下场景：我的大女儿窝在一张舒服的椅子里，在笔记本电脑上查找社会学作业的资料。她打开了好几个窗口——既有网页也有文档页面，来回切换窗口，评估、整合、改写搜索到的信息，然后在文档中记笔记。她同时还在用聊天软件(Skype)①给朋友发短信。

我的二女儿坐在沙发上，用笔记本电脑浏览脸书(Facebook)。她一边上传在软件(如 Picnik，一款线上照片编辑器)中精修过的照片，一边和朋友们线上聊天。他们互相评价，根据反馈不停地用软件美化自己的照片，反复修改他们的自我再现。

另一台电脑在休息室的角落。两个最小的孩子把椅子拖到书桌前，在电脑上玩《帝国时代》(*Age of Empires*)。他们一边玩这个策略性游戏，一边阅读和希腊人有关的资料。他们身边的地板上放着一堆从图书馆借来的关于希腊人的书。两人不时从椅子上跳下来抓起一本书。每次解决一个问题推动游戏进展，他们对所学到的历史知识的热情就愈发高涨。

作为一个母亲、教育者和研究者，我能对家里发生的这一切做出不少观察。不过我希望你们注意到：我的孩子和你们的学生都沉浸在一个多元素养环境中不能自拔。“多元素养(multiliteracies)”是新词，首次出现在 10 位知名教育家合撰的文章里。他们自称新伦敦小组，组名取自他们在康涅狄格州的会议地点——新伦敦(The New

① 因为年轻人的技术使用日新月异、千变万化，所以在本书中加入年轻人使用的多模块素养引发了不少矛盾，比如说，虽然很多人用 Skype 打视频电话，也有许多年轻人用它发送即时短信。

London Group, 1996)。该小组认为:我们身处“牵一发而动全身”的新时代,全球范围内的文化、经济、社会以及科技的变化影响着所有人,而素养教育需要拥抱这样的“新时代”(Anstey & Bull, 2006; Bull &Anstey, 2010)。新时代改变了我们看待知识的方式,改变了我们看待职场、应用知识的方式(Gee 等, 1996)。如今,我们常听到人们谈论“知识经济”和“知识工作者”,听到诸如以下的言论:关键在于“创新、设计、高效生产、营销及改造产品所需的知识”,而非产品或服务本身(Gee 等,1996, p.28)。因此,人们需要能够运用多种素养,才能适应快速变化的知识图景(Luke & Carrington, 2002; Smith 等, 2000)。

在教育方面,教学文本利用多种传播模式——如音频、手势、空间、视觉及更传统的语言形式——让上述变化以数字媒介文本的形式侵入课堂(Anstey & Bull, 2006; Cope & Kalantzis, 2009; Jewitt & Kress, 2003)。新兴的多元素养就是交流模式与文本形式多样化的产物(Jewitt, 2008; The New London Group, 1996);它反映了人们素养观的转变:多元素养不再是读写一系列分散的印刷文本的能力;它需要人们在不同语境下对目的各异、类型多样的文本进行解读、理解、运用,并进行批判性分析(Luke & Freebody, 1999)。多元素养中的批判分析能力被称为“批判性素养”,它是多元素养中重要的一环(Anstey & Bull, 2006)。

在新西兰,由教育部领导的多元素养工作团队耗时 18 个月,探索了信息和通信技术对素养的影响(Jones, 2009)。在此期间,该团队(我也是成员之一)起草了多元素养习得的框架。该框架从多元素养角度解读四重资源模式(the Four Resources Model)(Luke & Freebody, 1999):学习代码、赋予意义、使用文本、分析文本。工作团队认为有必要加强当前的素养实践,优化相关政策:

> 工作团队的结论是:因为年轻人需要参与一系列社会、道德、文化以及创造实践,才能在这个科技发达、文化多样的世界里创造意义,所以我们有必要拓宽当前的实践模式。(p.1)

他们的发现与一些研究人员的观点一致。这些研究人员提倡“重视现实世界素养实践丰富性与多样性的素养模型与素养教育”(Street, 2005, p.420)。正如我们在概述中描摹的场景那样，我们的孩子与学生已完全沉浸于这种多元素养的环境之中。因此，教育工作者要想方设法拓展现有的素养课程，帮助学生在这种多元素养环境自由驰骋。我们在《思维的种子》中会讨论到多元素养的重要组成部分：文本分析。那么，如何在繁杂的课程中实施批判性素养呢？批判性素养研究团队提倡开设均衡化的素养课程，培养学生获得“一套不断变化的实践能力，使其在多元社会文化背景下有目的地交流”(Mills, 2010, p.247)。四重资源模式表明，在均衡化素养课程中，教师会帮助学生获得解码、文本理解、文本使用和文本分析的实践能力(Anstey & Bull, 2006; Education Queensland, 2000; Luke & Freebody, 1999)。“解码”指读者破译书面、口语、视觉和多模态文本的代码和系统。“文本理解”指读者能领会文本蕴涵的意义。“文本使用”意味着在各种语境下有效使用文本。“文本分析”强调文本不是中性的，对文本进行分析很有必要。

必须强调的是：这些实践并不代表一条能力发展的路径；“该模型应被视为表达的基本要素，但要想充分进行完整、复杂、灵活的素养实践，每个单独要素都不可或缺却又不够充分”(Rush, 2004, p.39)。也就是说，我们的孩子和学生应该培养所有的实践能力，但他们完全可以在掌握解码能力之前就开始培养文本分析能力。

批判性素养教学法鼓励学生参与大量的文本分析实践。但很遗憾，新西兰几乎没有资源支持教师参与批判性思维的理论学习和实践。本书的问世，恰好填补了这一空白。本书的目标如下：

- 支持中小学教师参与新西兰研究中阐述的批判性素养理论学习和实践；
- 提供有关探索批判性素养的教学和测评的方法，助力教师在各科目教学中实施批判性素养；
- 提供教案框架和范例而非成品教案，以支持教师根据自身教学水平和学科背景设计课程。

本书的一大特点是反思时刻，读者可以借此反思文中的关键点和问题。这些反思问题既可供教师自省之用,也可在教师专业读书会上激发批判性的讨论与反思、促进教师职业发展。此外,每章还精选了拓展阅读书目。

研究基础

本书基于在新西兰的奥特亚罗亚进行的为期 3 年(2005—2007 年)的研究,并获得教学研究项目、奥塔哥大学的奥塔哥研究资助(University of Otago Research Grant,简称 UORG)和人文研究补助的资助。项目帮助 17 名教师参与批判性素养的理论和实践。这些教师来自 5 所学校:4 所混合等级的小学和 1 所混合等级的高中,这五所学校的学生所在社区社会经济地位等级分别为 2、5、6、8 和 9。在研究过程中,参与的教师需要熟悉批判性素养理论和实践的相关文献,在常规课堂教学中制定、实施和评估批判性素养策略(Sandretto & Critical Literacy Research Team, 2006,2008; Sandretto 等,2006)。本书将参与研究的教师与研究人员统称为"批判性素养研究团队"。

章节概要

在导言之后,我们会在第二章讨论影响文献中多种批判性素养定义的理论。这一章区分了"批判性思维"和"批判性素养",并详细解释了本书采纳的定义。

紧随其后,我们会研究关键教学策略(对话)的优势及局限性。针对教师如何加强批判性素养教学中的对话的应用,第三章提出了相应的建议。第四章阐述了文本选择、个人与小组工作以及课程结构的具体细节,提供了研究中的案例。

第五章指出传统测评和批判性素养之间紧张的关系,并为教育工作者提供记录学生批判性素养进展的方法。第六章探讨了学生声音的重要性,但也给出了一些警告。教师还可在该章找到根据学生意见改进批判性素养教学的策略。在第七章里,我们思考了与批判性素养有关的一些伦理问题。该章还提供了几个教学片段,供教师反思和应对这些伦理上的挑战。

最后，第八章回顾了本书的关键信息并提供了一个审核工具，帮助教师反思他们批判性素养教学的进展。

反思时刻

- 你希望从《思维的种子》中获得什么？
- 请就批判性思维，谈谈你过往的经历。

拓展阅读书目

Anstey, M., & Bull, G. (2006). *Teaching and learning multiliteracies: Changing times, changing literacies*. Newark, DE: International Reading Association.

Bull, G., & Anstey, M. (2010). *Evolving pedagogies: Reading and writing in a multimodal world*. Carlton, Vic: Curriculum Press.

Luke, A., & Freebody, P. (1999). *Further notes on the Four Resources model* [electronic version].

第二章 批判性素养是什么?

引言:为什么本章不容错过

理论和实践相辅相成。梅兰妮·沃克(Melanie Walker, 2003)写道:"没有行动和实践,教育只是空谈;没有理论,教育实践是干涸之地。"这句话让我心有戚戚焉。正如卡纳维利尔·拉贾戈帕兰(Kanavillil Rajagopalan, 1998)所言,人类天生就是"理论化的生物"(p. 337)或创造意义的物种。教师一直在理论化其教学实践。在任何学校的教师休息室里只要待上几分钟,你就能听到教师们就课堂上的情况进行意义建构:

> 有些教师说男孩不爱阅读,他们更喜欢说话,他们是视觉学习者。女孩呢想要黑板上的笔记。没有笔记,女孩会迷失;而笔记太多,男孩又不感兴趣。男孩想看到视觉化的东西,就像我教《麦克白》(*Macbeth*)的时候做的那样。我在课上教这个剧本,每幕结束后我都会放 DVD 给他们看,在视觉方面强化记忆。比如说,他们会在脑海里想象某段文本,问:"我们能再看一遍吗?""能不能退到刚刚那个部分再放一遍?"也许吧,我不知道……女孩只想抄笔记,可以整整一节课除了抄笔记什么也不干。她们想要信息。男孩不喜欢做笔记。(RTWD, 17/08/07, p.3)①

在这里,你不会听到——至少不会经常听到——教师在聊天时提到学术界的大拿们,或引用发表过的理论。上面这段谈话很少会以下面这种方式被表述出来:

---

① 采访为节选匿名,为了清晰有所改动。

“哎,我不想被人说成是一个本质主义的拥趸,但我真的觉得加德纳的多元智能理论有性别主义倾向。有些教师说男孩不爱阅读,他们更喜欢说话,他们是视觉学习者。女孩呢想要黑板上的笔记。没有笔记,女孩会迷失;而笔记太多,男孩又不感兴趣。男孩想看到视觉化的东西,就像我教《麦克白》的时候做的那样。我在课上教这个剧本,每幕结束后我都会放 DVD 给他们看,在视觉方面强化记忆。比如说,他们会在脑海里想象某段文本,问:‘我们能再看一遍吗?’‘能不能退到刚刚那个部分再放一遍?’也许吧,我不知道……女孩只想抄笔记,可以整整一节课除了抄笔记什么也不干。她们想要信息。男孩不喜欢做笔记。”

读完上面这段话,你可能会忍俊不禁,但不引经据典支持你的理论并不代表你没有理论,不意味着你的理论行不通,也不是说你的理论无法与更庞大的学派产生交集。观点并非无源之水。本章探讨的正是批判性素养实践背后的不同理论基础。

当然,整章谈论理论并非毫无风险。我不希望在教学理论和实践之间划上更深的鸿沟。我真正期待的,是教育工作者可以自由自在地实验和应用这些理论。我们一生的经验足以建构起一套思想体系,它不仅引导我们的教学实践,也是对我们的教学进行理论化的方式。理论是工具。在本章,我们将看到批判性素养中丰富多样的工具。史蒂芬·鲍尔(Stephen Ball, 1995)曾盛赞理论的优点和必要性:

理论是“另辟蹊径”的载体,是“谬悠之说”的平台,是表达意见的出口。理论破坏、干扰、充满暴力。它不仅是该领域领头者们的一家之言,还提供了一套质疑的话语和一种思维模式。它的语言不是偶然随机的,而是精密且具有讽喻精神的。这种理论旨在“陌生化”现存的实践和范畴,削弱它们不言自明的真理性和必要性,将会为开创新的经验形式开辟空间。(p. 266)

换言之,理论让我们从其他角度看待和反思教学实践。别误会,我明白理论不是万能药,它无法治愈教育所有的弊病。但它确实可以帮助我们以不同方式思考和质疑先入之见。不同的思考方式可以影响实践,改善教学和学校,帮助更多的孩子。如果事实如此——我会证明确实如此——那么探索不同的理论及其影响绝对是值得的。

本章有两个思考理论的隐喻。首先是墨镜。大多数读者应该都有此感:戴上不同的墨镜后,世界呈现出不同的样貌。另一个隐喻是工具。术业有专攻,不同的工具用处不同。给花园翻土,一把锤子显然不适合。本章将探讨两种理论工具,分别指向两种不同内涵的批判性素养。

除此之外,本章还会澄清批判性思维和批判性素养之间的区别。然后,我们会介绍一些元语言,以帮助我们更加仔细地观察这两种理论视角。最后,本章会描述并剖析本书提倡的批判性素养概念。

批判性思维和批判性素养

在我与新西兰教师的合作中,我发现这两个词经常是替换着使用的。有些教师以为自己在实施批判性素养教学,但实际上进行的却是批判性思维训练(也请参见Edelsky & Cherland, 2006)。

批判性素养这个词在新西兰教育政策中的缺席,无疑使这一混用情景愈发严重。而且,《新西兰课程大纲》(*the New Zealand Curriculum*, Ministry of Education, 2007b)和《高效素养实践》丛书(*Effective Literacy Practice*, Ministry of Education, 2003)对批判性思维的关注更让这一混乱情形雪上加霜。

“批判(关键)(critical)”一词有或消极或积极的多元内涵。它可以指吹毛求疵,如“过分批评”;也可以暗指深思熟虑后得出的结论,如“批判性思维”。同样,这个词也可以表示某事极其重要,如“关键阶段”。它还可以表示不可或缺或至关重要,如,硬盘对电脑的运行至关重要。它也可以表示“危及生命的”:例如他如今命悬一线(He is in an critical condition)。它同样可以暗示一个系统即将发生变化,如临界温度(critical temperature)。最后,它还可以描述维持链式反应必要的临界量。

罗伯特·恩尼斯(Robert Ennis, 1989)认为,批判性思维是经过“理性的、反思性的思考后获得某个关于信念或行为的确定立场”。(p. 4)在教育中，批判性思维经常指在不同语境下皆可培养和实践的个人技能或流程(Bailin 等，1999)。许多教师都熟悉布卢姆的分类法，其中的“批判”指更高的认知层次，包括分析、综合和评价(例如 Paul, 1985)。无数资源告诉教师在提问时用哪些动词鼓励学生在上述层面上的思考。表 1 列出了与分析、综合和评价相关的动词。

表 1　布卢姆分类法:动词表

分析	综合	评价
分析	设计	评估
组织	假设	选择
推断	支持	估量
选择	图示	判断
对比	写作	支持
比较	报告	批判
区分	讨论	解释
	计划	
	构想	
	比较	
	创造	
	构建	

然而，像动词表这样的教学资源往往和它们所处的文化、社会和政治现实脱节(Mulcahy, 2008)。这种割裂可能会导致彼得·麦克拉伦(Peter McLaren, 1998)所说的批判性思维的“阉割版”:为培养批判性思维正名的“道德理想”被剔除后，批判性思维丧失了变革潜力。对麦克拉伦而言，对这些教学资源的不当使用“弱化了‘批判’一词，抹杀了它的政治和文化维度，消解了它的分析性力量，使之沦为平平无奇的‘思维能力’”(p. 165)。

我们可以发现，新西兰课程政策文件里提到的批判性思维与上一段描述的这种情形正好符合。例如，在“有效教学法”(Ministry of Education, 2007b, p. 34)的标题下，我们读到如下文字：

只有学生退后一步、客观审视信息和观点时，他们才能高效学习。反思性的学习者吸收新知，和已知信息联系起来，根据不同的需要加以修改调适，并转化为现实行动。他们逐渐变得更有创造力，更能批判性地处理信息和观点，元认知能力（即他们对自己思考的过程进行反思的能力）也逐步提高。教师如果在设计任务时，让学生批判性地评估材料并思考其原初目的，他们就是在鼓励这种思维方式。（p. 34）

尽管教育部文件提倡“鼓励反思和行动”（p. 34），但在它的描述中，批判性评估仅限于可通过练习培养的中立的思维能力和发展过程，似乎与道德立场毫无关联（Bailin 等，1999）。莎朗·拜林和同事们（Bailin 等，1999）提醒人们不要把批判性思维单纯地等同于一种心理过程，一种“教学恶作剧”（p. 273）。他们认为如果我们只能通过最终结果反推心理过程，教师们将很难创造适当的情境让学生参与批判性思维过程。如果唯一的判断依据是问题解决的结果如何，你如何知道学生是否应用了你试着教他们学会的思维过程呢？换言之，我们没法钻到学生脑子里，自然无从得知学生到底进行了怎样的思维过程，或是否使用了批判性思维。

再次以《新西兰课程大纲》（Ministry of Education, 2007b）的节选为例，下面这段文字将思考认定为一种关键能力：

思考即使用创造性的、批判性的和元认知性的过程来理解信息、经验和观点。这些过程可服务于多种目的，如增强理解、做出决定、采取行动或构建知识。这种能力的核心是对知识的好奇心。

如果学生是一名卓越的思考者和优秀的问题解决者，他们能积极主动地搜索、使用和创造知识。他们反思学习过程、利用个体经验和直觉、提出问题、质疑前提和知觉的基础。（p. 12）

上述事例再次借鉴了如上所述的批判性思维的心理过程模型(Bailin 等，1999)。

接下来是本章引用的新西兰教育政策的第三个也是最后一个例子。这段文字认为批判性思维是素养习得框架的一个方面(Ministry of Education, 2003)。在教师手册《有效素养练习：1—4 年级》(*Effective Literacy Practice in Years 1 -4*)中，素养习得中的批判性思维是这样的：

> 拥有素养意味着一个人的阅读和写作水平超越了纯粹事实性的客观描述水平。它包括分析意义、在阅读时对文本做出批判性评估、在写作时应用批判性思维。它也涉及从自身经验出发评价文本、反思文本，发现自身作为读者和作者的价值。(Ministry of Education, 2003, p.24)

这些政策和书本的作者们规避了对“批判性”一词内涵的公开讨论，也因此错失了在批判性思维和批判性素养间建立起桥梁的机会。不指明批判性素养的基本原则——如，关注语言和权力间的关系(Comber, 2001a)——素养习得中的批判性思维成分很有可能会被无视，或被视为某种中立的思维技巧。这样一来，人们会忘记所有评估都依赖于特定视角，或用麦克拉伦(McLaren, 1998)之前的话来说，一种“道德观点”。

那么，批判性思维和批判性素养到底有什么关系呢？在我看来，一个人没有批判性素养也可以进行批判性思维；反之则不然，没有批判性思维必定培养不出批判性素养。我们先来简要了解一下批判性素养，以便与批判性思维进行对比。大多对批判性素养的描述都脱不开权力或社会批判相关的议题(Edelsky & Cherland, 2006; Knobel & Healy, 1998; Mulcahy, 2008)。迈克尔·诺博尔和阿娜·希利(Michele Knobel & Annah Healy, 1998)认为批判性素养“分析和批判语言、权力、社会团体和社会实践间的关系”(p.8)。从这个简短描述中，我们不难看出上述事例里对批判性思维的定义无法让教师和学生接触到这类问题，如“文本呈现了什么世界观？对文本有哪些不同的诠释？为什么文本的作者以这一方式再现角色？谁从文本中获益？”

(Department of Education Tasmania, 2009)。这些都是我们在训练批判性素养时才会提出的问题。

我们可以通过对比两者的不同目标进行区分：

> 批判性思维旨在培养学生推理、分析、评估和创造的能力，教会他们以一种经过训练的方式理性而明确地表达他们的想法、感受和行动意愿。(Mulcahy, 2008, p.18)

相比之下，批判性素养让学生发掘文本背后的视角和立场，追问并判断这些视角在对世界进行社会性建构时的意义。因此，即使没有批判性素养，我们依然可以进行批判性思维；但批判性思维对批判性素养却不可或缺。下一节我们将介绍一套探讨批判性素养理论基础的元语言。

反思时刻

- 目前你是如何理解批判性思维的？
- 现在你觉得批判性思维和批判性素养有什么区别？

理论和元语言

对于初涉批判性素养的教育工作者来说，文献浩如烟海，究竟采纳哪种批判性素养定义如同选择牙膏品牌一样艰难。乍看之下，选择不少，且差异不大。每种批判性素养定义的关键性差异在其理论基础。但我们得有一些元语言才能进行更加深入的探讨。

每门学科都有自己的元语言，即讨论语言的语言。一门学科的基本词汇在另一门学科中就成了“行话”。当我们发现一门新学科的元语言晦涩难懂时，往往感觉被它拒之门外。一旦“得道”，该学科的大门已向你敞开，因为你能轻松地理解和使用某一学科的特定术语:你破译了它的密码。

人们经常埋怨教育学里的行话太多。经常有人告诉教师,当和家长交流时,应该使用“通俗易懂”[Te Kete Ipurangi (TKI), 2011]的语言。但很多时候,过于特定的术语是无法用其他语言替代的。以生物课上讲过的遗传学研究为例。在遗传学领域,我们得讨论等位基因、基因型、减数分裂和隐性等术语。这些术语必不可少,因为它们帮助该学科的研究者和学习者理解和沟通。当我们向学生教授遗传学知识时,我们也会传授这套术语,让他们像遗传学家一样思考。我们无法简化术语,也不能随意替换。

所有文献中对批判性素养内涵的理解都受特定理论视角影响,无论作者本人是否明确说出那些视角。不同理论视角的主要区别在于如何看待知识的生产和检验。与这一认识论相关的哲学术语是本体论和认识论。本体论是处理“现实”和“存在”的概念(Crotty, 1998)。本体论问题关注存在和本质,例如:上帝是否存在? 什么是存在? 我是谁? 认识论则讨论何为知识、知识的本质是什么、我们如何获得知识(Guba, 1990)。认识论问题关注知识,如:什么能被称为知识? 我们知道什么? 我们是如何知道的? (Crotty, 1998)。

不同理论视角的背后是不同的本体论和认识论。理论的优势和局限性皆由此而来。为了简单起见,我接下来仅讨论批判性素养文献中最常引用的两类理论视角:批判理论和后现代理论。①

批判理论

我们可以将“批判社会理论”理解成一个兼收并蓄的概念,旗下收编的大量理论皆以某种系统性方式批判分析教室、学校和学校教育(Anyon 等,2009; Apple, 2010)(有

---

① 我知道对这两类理论的任何简化都可能导致刻板印象。读者可参考本章末尾“拓展阅读书目”进一步了解这些理论。

关概述见表2)。批判社会理论包括女权主义、马克思主义、后殖民主义和后结构主义理论等(Leonardo, 2010)。它质疑我们认为理所应当的东西，追问知识是如何产生的。在素养教育方面，如果一名教育工作者用批判社会理论理解班上学生的素养差异，他可能会问："我们现行的素养教材将哪些人排除在外?"而不是"为什么这些学生的学习效率比不上那些学生?"

表2 批判理论和后现代理论概览

	批判理论	后现代理论
本体论	现实是由经济、文化、政治、社会等随时间不断固化的价值观塑造而成的。	现实不可知。任何试图知晓现实的尝试最终只会让我们自己的立场分崩离析。
认识论	通过主体基于其文化历史、政治、社会立场与客体互动，意义可以被揭示出来。	主体根据自己的文化、历史、政治、社会立场，把意义施加给客体。
目的/用途	批判理论不仅描述世界，还要让世界更加公正平等。	后现代理论避免宏大叙事，认为所有知识都是在特定情境下诞生的偶然性知识。
代表人物和流派	保罗·弗莱雷、贝尔·胡克斯、法兰克福学派	米歇尔·福轲、茱莉亚·克里斯蒂娃、雅克·德里达

表格基于以下文献改编而成：Guba & Lincoln, 2005; Koro-Ljungberg 等, 2009; Lather, 2006。

批判理论发端于批判社会理论，它是法兰克福学派发展壮大的理论。下文将深入探讨的保罗·弗莱雷的理论也是其中之一。1923年，阿多诺和霍克海默在德国建立法兰克福学派。在纳粹统治期间，该学派于1933年迁往日内瓦，随后在1934年迁往纽约(Giroux, 2003)。时至1953年，该学派和其学者均回归德国。总之，在他们看来，马克思主义和实证主义(即科学方法)都存在局限性(前者过分强调生产方式对历史的影响；后者不鼓励内部批判，避而不谈科学知识对人的剥削)(Giroux, 2003)，因此他们试图发展理论资源来解决这些局限性并将它们笼统地归类为"批判理论"。

批判理论是一种思考方式和批判手段(Giroux, 2003)。它以建构主义认识论为基础(Crotty, 1998)，认为知识由主客体互动建构产生。这意味着知识不再是被主体发现的现成的东西。相反，“只有通过发明和再发明，通过持续不断的、焦躁不安的、充满希望的、在世的、与世的、芸芸众生间的探索，知识才会浮出水面”(Freire, 1999, p.53)。也就是说，知识是被社会性地建构出来的。

批判理论首要的目标是社会变革(Giroux, 2003)。批判理论家不仅描述他们观察到的世界，还要改变这个世界。他们从不自我标榜为中立的观察者；他们相信所有的研究和教育都是政治性的。一个批判理论家关注权力问题、主动选择立场、改造世上的不公不义。批判理论的一个重要元素是强调反思在知识建构中的作用。换言之，它既批判创造知识的过程，也批判被创造出来的知识本身。

已故的保罗·弗莱雷(1921—1997)的理论正属于这一传统(Crotty, 1998)。从20世纪60年代起，他投身于巴西的成人教育，之后因其事业的政治性质被迫流亡。他的素养教育理论关注自觉教育、实践和提问，为众多批判性素养的概念奠定了理论基础。

自觉教育提问意识(Freire, 1999)，它“指的是学会如何察觉社会、政治和经济矛盾，采取行动反抗现实中的压迫因素”(Freire, 1999, p.17)。对他来说，自觉教育是被压迫的人们萌生批判意识的手段，“通过变革性的行动，他们可以开创新局面”(Freire, 1999, p.29)。自觉教育是实践的结果。实践则是“反思世界和行动以改变世界”的循环过程(Freire, 1999, p.33)。提问教育鼓励实践。弗莱雷认为提问教育是治愈传统教育的灌输和教条的一剂良药。提问教育预设了批判意识的存在并培养批判意识，使学生意识到研究对象和自身作为历史性存在的地位。在实际教育过程中，提问意识意味着教师得改变自身定位：他们不再是专家权威，而是在和学生一起探讨一个值得关注的问题——问题来源于学生自身经验(Wink, 2000)。

提问是弗莱雷素养教育活动的核心，它鼓励不识字的成年人在审视文字前先审视自己的世界。批判性素养中一个提问的例子出现在李·赫芬南和密茨·路易森的文章里(Lee Heffernan & Mitzi Lewison, 2005)，文章描述了批判性素养是如何从课堂转移到餐厅的：一群学生主动打破了餐厅里按性别安排的自愿就座规则，并随后开展了“取消隔离”活动。学生的行动就是参与实践。他们反思了这个议题，并根据反思的结果采取了行动。伊拉·肖（Ira Shor, 1999）解释道：“批判性素养的实践包括行动的和用于行动的语言，这些语言来源于学生带到课堂的日常语言和知识。”（p. 15）基于弗莱雷理论的批判性素养强调源于学生关心事物的普遍文本和当地文本解读间的互动（Freire & Macedo, 1987）。

我们在前面提到过，许多批判性素养定义深受弗莱雷理论影响。对盖里·安德森和帕翠莎·厄尔文（Anderson & Irvine, 1993）来说，批判性素养是指：

> 将学习读与写视为意识到自身经验是在特定权力关系中被历史性建构的过程之一。批判性素养的目标……是挑战这些不平等的权力关系（p. 82）。

上面这段话和弗莱雷自觉教育的观点何其相似。另一个例子是彼得·麦克拉伦（Peter McLaren, 1988）的描述：

> 批判性素养……涉及解码文本、机构、社会实践和文化形式（如电视和电影）的意识形态维度，揭示它们的选择性利益。获得这种素养的目的是培养具有足够批判能力的公民，分析和挑战更大的社会的压迫性特质，以创造一个更加公正平等的民主社会。

在这段描述中，意识形态是一种思维框架（Macedo&Bartolomé, 2001）。例如，具有女性主义意识形态的文本关注性别角色。上述描述的另一核心成分是分析和行动的结合。这种批判性素养观认为读者不仅要解码或分析文本，还要根据他们的发现努力创造一个他们脑海中更加公正的社会。①

瑞贝卡·鲍威尔、苏珊·钱伯斯-坎特雷尔和桑德拉·艾德姆斯（Powell 等, 2001）指出批判性素养的三个基本前提：

---

① 我们会在第七章讨论社会行动的角色。

首先，没有中立的素养教育；它总是维护某种特定的意识形态或视角。其次，批判性素养倡导一个扎根于平等和共同决策的强大民主制度。第三，批判性素养认为素养教育可以赋权，引导变革行动（p. 773）。

这些定义如此关注批判性分析、反思和社会变革，批判性理论的影响力可见一斑。

我最后讨论的一个受批判性理论影响的批判性素养定义是对一个读者问题的回应：

批判性素养教育眼中的素养，远超过传统的解码或编码文字以再现文本或社会的涵义。它既是个人理解历史、文化和他们与当前社会结构间联系的方式，也培养行动主义精神，鼓励人们积极参与所有影响和控制我们生活的决策过程。（Shannon & Luke, 1991, p. 518）

这一定义与弗莱雷的学生"阅读文字和世界"（Freire & Macedo, 1987）的愿景不谋而合。它关注思想和行动（或实践）。通过批判性地分析这些文本，这些学生会更自觉（即清楚他们和作者的立场）（Mayo, 1995）。有了这种意识，他们能更好地参与实践。教师可以开展批判性素养活动，让学生和教师作为相互尊重的共同研究者开展对话。这些研究鼓励学生批判现状、采取行动。

批判理论之于批判性素养的优点和局限性

正如本章前文所言，每个理论工具既有优点，也有局限性。有些教师可能不喜欢受批判理论影响的批判性素养，认为它们过于关注社会变革。如拉瑞尼·沃伦维茨（Larraine Wallowitz, 2008a）就认为"培养批判性素养的关键是社会行动"（p. 228）。任何接受弗莱雷原则的批判性素养都将社会行动视为"基本原则"（Jones, 2006）。密茨·路易森、克里斯蒂·勒兰德和杰洛姆·哈斯特(Lewison 等, 2008)把"采取行动促进社会正义"视为其批判性素养模型的批判性社会实践维度。虽然批判理论的传统鼓励在批判性分析文本后采取行动，有些情况下教师可能难以接受"鼓励学生采取行动"(Lewison 等，2008, p.135)的观点。还有些教师可能不愿把他们的观点或关注的议题强加给学生。

教师面临的另一大挑战是如何根据学生关心的内容设计批判性素养课程(Jones, 2006)。弗莱雷认为这种挑战正是一大优点，因为教师无需囿于某种固定方法或"最佳实践"(Stevens&Bean, 2007)。但有些教育工作者希望得到清晰的指导，在他们看来，理论优先于实践正是弗莱雷式的批判性素养的局限性。然而，正如彼得·麦克拉伦(McLaren, 1999)所说，教育工作者可以规避按顺序计划好的课程，使得批判性素养教学能够适应他们的学生和文本。

受批判理论影响的批判性素养的另一重要优势是关注批判性反思。它不仅引导学生审视知识建构与合法化的手段，还鼓励他们批判性地反思他们在课堂上是如何使用批判性素养的。这一反思包括反思他们支持的批判性素养定义的哲学传统(Stevens & Bean, 2007)。本章旨在帮助教育工作者思考他们的批判性素养理论和实践。

反思时刻

- 现在你是如何理解批判理论的？
- 你如何使用批判理论指导课堂实践？
- 还有哪些悬而未决的问题？

后现代理论

人们往往认为后现代主义发轫于现代主义之"后"。这种观点确实有助于理解两者之间的关系,但事实远非如此简单。后现代主义抨击现代主义对理性的依赖(视之为发现真理的正确手段)和现代主义的进步观(Crotty, 1998; Featherstone, 1988)(参见表2的概述)。但两者的分隔并非犹如天壤。后现代理论和现代主义并存于一种"永恒批判"(Foucault, 1988a, p.155)的关系之中(也请参见 Berlin, 1993)。瓦内莎·安卓欧提(Vanessa Andreotti, 2010)认为我们应该将后现代主义中的"后"理解为"质疑"。现代主义和后现代主义建筑之间的差异可以帮我们厘清这两种教育理论之间的区别。

现代建筑发端于第一次世界大战之后,主导原则是"形式服从功能"(Ghirardo, 1996, p.19),即功能决定建筑建构设计。与这一原则并存的另一信念,是形式(或设计)能够改变世界或重组社会(Ghirardo, 1996)。现代主义建筑大师如勒·柯布西耶(Charles-Édouard Jeanneret-Gris)尝试通过大规模住房项目等改变城市面貌,解决住

图1　理查德森大楼,奥塔哥大学

房和其他社会问题。然而，这些乌托邦理想大多沦为一纸空谈，甚至因为忽略城市的多样性和复杂性而饱受批判（例如 Jacobs, 1972）。奥塔哥大学的理查德森大楼是典型的现代建筑，强调极简主义和功能性。它于 1979 年落成时，因厚重的混凝土外墙而被归为野兽派。同样被归为野兽派的还有勒·柯布西耶等人形式朴素、外观粗陋的建筑作品（Shaw 等, 2003）。

我们可以把现代建筑的社会理念和继承现代主义思想遗产的教育理论联系起来。现代建筑的理念是“经济性、社会性的为人类服务的真正空间”，这恰与批判理论的社会目标遥相呼应。正如之前所见，批判理论也关注社会、政治和经济条件，旨在提高认知，唤醒意识（Freire, 1999）。

图 2　中央图书馆，奥塔哥大学（内部）

图 3　中央图书馆，奥塔哥大学（外部）

后现代主义建筑正是对现代主义建筑的一次“拨乱反正”。后现代建筑大师罗伯特·文图里（Robert Venturi）认为，建筑应摆脱宏大的社会目标，强调“复杂性和矛盾性”(Ghirardo, 1996, p.18)。后现代建筑师拒绝给他们创造的形式赋予意义；他们相信我们通过其他熟悉的建筑或形式创造意义。奥塔哥大学中央图书馆就是典型的后现代遗产；它的非连续性（或称复杂的形式混合）使得用户可以采用多种方式理解建筑(Ghirardo, 1996)。

我们很快会看到，后现代建筑的“复杂性和矛盾性”与后现代教育理论在相同主题之间紧密的联系。但是，在区分后现代主义和现代主义时，我不希望在两者之间筑建无法逾越的鸿沟。我们要牢牢记住：后现代理论本质上拒绝严格定义(Lather, 2007; Ritzer & Goodman, 2002)。麦吉·麦克卢尔(Maggie MacLure, 1995)解释道：

> 过去两个世纪以来，所谓的在西方思想中占主导地位的习惯性思维方式包括：真理的确定性、进步的必然性、理性的胜利、普遍道德的可能性、科学的客观性、历史的前进性、个体存在的自主性。上述基本原则使世界清晰连贯、可知、可解释、可概括、可预测、可管理、可相互理解。我们可以将后现代主义视为对上述观念的一种否定。(p.106)

因此，后现代主义可被视为一种看待世界的方式。这副特别的墨镜让你以特定方式看待或质疑事物。对教育工作者来说，后现代理论的特别之处在于：它挑战我们视为理所当然的事物，强调我们生活的世界的多样性和复杂性(Lather, 1991; McLaren & Lankshear, 1993)。

虽然后现代主义内部也存在不同的流派和学说，但它们共享一些基本原则，如拒绝宏大叙事和摒弃目的论或道德性愿景(Scott & Morrison, 2005)。拒绝宏大叙事(Lyotard, 1984)意味着它不承认存在一个可以叙说的故事，不承认解释经验的方式只有一种，也不承认社会历史能以某种方式呈现出统一的可预测的模式(Ritzer & Goodman, 2002)。后现代理论远离简单化的因果故事和解释，提倡倾听多元故事、被压抑的故事，来自弱势群体和被剥削者的故事（Sholle, 1992）。①

后现代理论家拒绝目的论或道德性愿景，不相信有一套幸福生活的统一标准。他们认为，一套总体性宣言摒弃了与特定时间和地点相关的多元知识和经验，最终会在社会、文化和语言的多样性面前分崩离析（Scott & Morrison, 2005）。也就是说，在讨论诸如“教学是为了自由”的观点时，“在特定时间、在任何情境下，很难知道所谓的‘更好’或‘更糟’对个体或社区意味着什么”（Schutz, 2000, p. 216）。

此外，所有后现代理论都深受一种主观主义认识论的影响（Crotty, 1998）。这种认识论相信：意义不会“在那里”等待被发现；意义是由主体施加给客体的。根据后结构主义的后现代理论（Crotty, 1998），人们通过话语和话语实践创造意义（我们将很快讨论这一点）（Davies, 2000）。这意味着同一个对象——以单身母亲为例——在不同语境下（如不同的文化或宗教语境，不同的机构语境如学校或福利机构），存在不同的意义（例如 Carabine, 2001）。我们可以想象单身母亲这个概念既能以积极也能以消极的方式被建构出来：品行不端的女人、战争英雄的遗孀、“害群之马”、人人避之不及的青少年……当我们戴上后结构主义墨镜看待单身母亲时，我们看到的不再是唯一正确的内涵，而是它在不同语境下的不同含义。

受后现代理论启发的素养教学更强调对文本的多元解读，允许学生结合个人经验建构文本意义（Meacham & Buendia, 1999）。它鼓励多元解读或诠释，并不强调寻找“正确”的解读方式。这些多元解读质疑所谓“正常”或“理所当然”的意义，依然不脱批判的锋芒（Morgan, 1997）。

后结构主义被视为一种后现代思想（Lather, 1991）。阿格（Agger, 1991）在区分两者时，将后现代主义定义为“社会、文化和历史理论”，前者则为“知识和语言的理论”（p. 112）。和后现代主义一样，后结构主义拒绝明晰统一的定义。但为了方便我们使

---

① 当然这里也存在一种虚伪性，因为一提到后现代主义的要素或原则，我们就会构建后现代主义排斥一切的宏大叙事。这就是所谓的“后现代主义观点总会反过来让自身分崩离析”（MacLure, 1995, p. 113）。不过我不希望我们迷失在无休无止的批判之中；我们应当记住的是：后现代主义提醒我们要保持怀疑态度，质疑那些被视为理所当然的事物，思考多元解释（Atkinson, 2000）。

用元语言,我依然尽量概括出后结构主义理论的几个关键性“原则”(Davies, 2004):话语、解构和主体性。

话语,尤其是福柯作品中的话语,是后结构主义思想的核心概念。话语包含语言和文本,但又不止于此。话语指“由社会建构和认可的行为和存在方式;这些方式整合和规定了行为、思想、感受、语言使用、信仰和价值观”(Lankshear, 1994, p.6)。乔安·斯科特(Joan Scott, 1988)将话语定义为“与特定历史、社会和制度相关的陈述、术语、范畴和信仰结构”(p.35)。在教育中,和话语相关的领域包括教师话语、学生话语、教学话语、课程话语、评估话语、课堂管理话语等。因此,“话语”一词强调语言的力量,鼓励我们关注语言在不同语境下的运作方式。

话语可被视为“系统性形成我们言说对象的实践”(Foucault, 1972, p.49)。作为实践——这里指的是教育实践,话语规定了哪些是可能的或可知的:“话语包括能说什么,能想什么,也包括谁能说,什么时候说和以什么权威身份说。”(Ball, 1990, p.2)在素养教学中,我们可以考虑不同的话语是如何影响教学的。例如,有些教师从整体语言话语中汲取理论指导教学实践,有些教师利用拼读法话语设计课程。这是话语影响教学的实例。

解构是后结构主义研究者和理论家常用的一种技术。它不追求用“真理”替换谬误,而是从根本上质疑单一的真理,因此我们必须不断质疑话语。我们在解构文本时,就是在致力于质疑那些“理所当然”的文本和话语,也质疑我们身为作者创造的文本(Lather, 1991; Morgan, 1997)。如果有机会,我们还可以使用后结构主义分析工具解构素养和教学相关的话语。例如,我们自己的素养教学理论也可以成为解构的对象。它受哪些话语影响?哪些话语被忽略了?如果我们想成为某种类型的素养教师,它怎么影响我们?

主体性是后结构主义的另一核心概念(Davies, 1994; St. Pierre, 2000; Weedon, 1997)。主体性(有时也称身份)是“在我们的文化中,人类成为主体的方式”(Foucault, 1983, p.208)。主体性这一概念强调成为主体的过程,也承认这一过程永无尽头(Butler, 1997)。克里斯·韦登(Chris Weedon, 1997)说:“后结构主义的主体性是不稳定的、矛盾的、不断变化的;它在每次思考或话语中被重新建构。"(p. 32)因此,主体性是一种话语建构。后结构主义的主体既是话语的生产者,也是现有话语的使用者。布朗尼·戴维斯(Bronwyn Davies, 1994, 1997b)提议我们将后结构主义理论当成审视主体化过程的工具。例如,一旦我们确定成为一名素养教师所涉及的话语,我们就可以观察"经后结构主义分析可观察到的话语可能性"(Davies, 1997b, p. 274)。这一过程需要我们审视自身的主体性(我是什么样的素养教师?)和主体化过程(我怎样成为一名素养教师?)对自己和对学生的影响。

在众多关注批判性素养主体性的作品中,梅雷迪恩·谢兰德(Meredith Cherland, 2008)的作品便是其中一例。她用《哈利·波特》(*Harry Potter*)引导学生质疑性别建构。她认为后结构主义理论帮助学生解构文本中给定的主体位置。在《哈利·波特》中,年轻女性的一个主体位置是海妖。在希腊神话里,海妖是一位海神,引诱年轻水手赴死。这一主体位置将海妖置于男性凝视目光之下。《哈利·波特》并非第一个提到海妖主体位置的作品;海妖在漫长的话语历史中一遍遍重塑自身:"每天,在服装店,在电影和音乐视频中,在广告和童话中,它一遍又一遍地重复"(p. 276)。通过关注海妖的建构性特征,学生和教师"可以拒绝某些主体位置"(p. 277),并(重新)思考他们想要强化的话语。

文献中许多和批判性素养有关的定义都深受后结构主义理论的启发。例如,詹妮弗·汉蒙德和玛丽·麦肯-霍拉里克(Jennifer Hammond & Mary Macken-Horarik, 1999)是这么描述其批判性素养定义的理论基础的:

> 我们的前提是:语言和其他社会符号系统共同建构人们生活的文化与社会现实……我们视批判性素养为帮助学生拓展思维的方式……让他们了解在社会上运行的意识形态、身份、权力关系和语言究竟是如何强化或削弱这些关系的……总的来说,批判性素养是一种批判性和分析性能力,帮助人们审视知识、思考知识的方式和评估知识的手段是如何在文本中或通过文本被建构的。

这种批判性素养的定义可追溯到它的后结构主义根源。批判性素养中的后结构主义理论强调语言和素养的社会建构(Gee, 1993)。文本不再代表“真理”,不再反映现实;读者使用现有的话语资源从文本中获得(多元)意义(Gee, 1996)。后结构主义批判性素养质疑所谓的“正常”或“理当如此”,颠覆所谓的普遍真理(Morgan, 1997)。后结构主义的批判性素养也关注文本中的空隙和缄默,因为未言说的东西往往比文本中呈现的东西更有分量(Misson & Morgan, 2006)。

戴维斯(Davies, 1997a)的另一个批判性理论的定义同样以后结构主义理论为基础。他认为批评性素养是一种:

> 赋予语言生命的能力,通过语言赋予个人生命并对语言进行批判性评估,同时,使人们清晰地看到理性和线性思维,常用话语模式和隐喻的强大力量,并意识到它们的限制和局限性。(p. 28)

我们由此可以看到,后结构主义试图揭示语言和权力(或话语)如何建构我们,以及我们如何通过话语选择建构自身。因此,它需要我们反思我们如何使用语言,或“将……语言转向自身,观察它在建构世界中扮演的角色”(Davies 等,2004, p. 361)。反思对于语言的权力来说至关重要,因为“真实的人可能会成为语言、权力……和话语运作的受害者”,詹妮弗·奥布莱恩(Jennifer O'Brien's, 2001)对批判性素养的描述正符合后现代主义的核心原则。她解释道:

> 批判性素养应该一直是,且必须是本地的……[它]是一种立场,即素养能力永远不是中立的,永远有利益倾向,永远深深卷入到权力关系之中……一个批判性立场创造的关系、具体影响和主体性总是与特定地点息息相关,具体性质如何则永远不得而知。因此,批判性的行动不仅广泛存在,而且具有潜在的风险性和振奋性。(pp. 37 - 38)

通过上述文段,我们可以看到后现代主义强调当地性和特定性而非统一叙事。我们也可以看到,它承认主体性是变动不居而非一成不变的。我们同样需要接受的是,以后结构主义或后现代主义理论为基础的批判性素养课程的结果可能不受控制、无法预测。

雷·密桑和温蒂·摩根(Ray Misson & Wendy Morgan, 2006)明确承认他们的批判性素养定义以后结构主义理论为基础,并声称"整本书都旨在为如下观点提供有力的论证:后结构主义提供了理解文本及它们与社会关系的最佳框架"(p. x)。密桑和摩根相信,在这一后结构主义框架下,批判性素养认为"语言是社会情境化的,是被生产出来的,因此,天然具有意识形态属性。而主体性是社会和意识形态通过语言建构出来的"(p. 20)。由此我们可以看到我们如何通过话语——后结构主义的核心建构——来塑造和定位自身。

后结构主义影响下的批判性素养的优点和局限性

我将在这一小节讨论后现代主义和后结构主义理论的优点和局限性。首先我们来看局限性。

我们探讨过的后现代主义的核心元素或原则——拒绝宏大叙事和本体化愿景——恰恰是批评者最大的靶子。后现代主义和后结构主义因语言晦涩(Kellner, 1988)饱受批判;也因缺少解决社会问题的明确方向或"答案"而备受诟病(Cole, 2003)。后现代主义作家在写作风格中体现后现代主义的目标,即摒弃宏大叙事、反思知识生产、谨慎呈现研究结果(Constas, 1998),导致写作风格被人批判为"晦涩难懂、深奥冗长"(McWilliam, 1993, pp. 200 - 201)。艾伦·舒尔茨(Aaron Schutz, 2000)认为,"后现代主义写作往往使简单的统一性和身份复杂化"(p. 218)。埃瑞卡·麦克威廉姆(Erica McWilliam, 1993)指出,"问题在于:与其说人们在阅读文本,不如说在与之搏斗厮杀"(p. 201)。在史蒂芬·卡茨(Stephen Katz, 1995)广为人知的讽刺作品《如何言说和写作后现代主义》(*How to Speak and Write Postmodern*)中,他认为要想成为一名声名卓著的后现代主义者：

> 第一条：坚决摒弃清晰明确的语言，因为它太现实主义、太现代主义、太显而易见了。后现代主义语言得用上一些批判性技巧，如游戏、戏仿和不确定性。如果难度太高，退而求其次，用点佶屈聱牙的语言也行。比如，你想说的是“我们应该听听西方社会之外的观点，更好地理解影响我们的文化偏见”。这句话多么质朴，但多么乏味。就拿“观点”这个词来说吧，后现代主义话术会采用“声音”，或者更进一步，改成“声音形式”，或者走得更远，改成“多元声音形式”。再加上一个“互文性的”这样的形容词，你就万无一失，可以高枕无忧了。“外部的人”听起来平平无奇。“后殖民主义他者”听起来怎么样？要流畅正确地使用后现代主义语言，你还得掌握除了人人熟知的种族主义、性别歧视、年龄歧视等之外的一堆偏见。例如费勒斯中心主义（男性中心主义和二元逻辑的理性主义形式的混合物）。最后，“影响我们”像格子睡衣一样单调无聊，应该代之以更为晦涩的动词和短语，如“斡旋我们的身份认同”。因此，上面这句话最后应该写成：“我们应当听取后殖民主义他者的互文性的多元声音形式，以了解斡旋我们的身份认同的费勒斯中心偏见。”现在你说起话来终于像个后现代主义者了！（para. 3）

虽然有人觉得他的后现代主义写作“配方”近乎荒谬，不少和后现代和后结构主义作品“搏斗厮杀”后的读者恐怕心有戚戚。就批判性素养定义而言，有些人可能觉得下面这段话的弊端与卡茨（Katz，1995）所批评的如出一辙：

> 作为一种话语，如果批判性素养不期待一种（存在和社会的）理想状态，而是承认它已经是一种特定的**社会实践**形式，那么这就是我们批判性素养教师希望自己和学生达到的目标：实践位于时空中特定社会语境和关系中的实践。它将不可避免地成为一种非纯粹的实践，充满矛盾和紧张、偶然性、自我破坏、来自内部和来自其他话语的抵抗，以及学生和我们自己微小但不确定的变化。（Morgan，1997，p. 28）

虽然这种批判性素养描述完全符合其理论传统,但不少教育工作者可能难以在实践中实现。

有些批评者认为这种批判性素养缺乏规范性愿景,或者说是明确的伦理规范,很难认可任何形式的社会进步(Scott & Morrison, 2005)。对一些教育工作者而言,后现代理论无法促进社会变革或社会正义:"我们认为'后现代主义'是一种理论病毒,使进步思想、政治和实践裹足不前。"(Cole 等, 1997, p. 187)此外,后现代主义拒绝宏大叙事和集体抵抗,仅仅关注局部(Agger, 1991)。迈克·科尔(Mike Cole, 2003)承认:"局部斗争当然可以解放个体或某些特定团体"(p. 492),然而,他继续指出由于拒绝宏大叙事,后现代主义无法制定可行的大规模战略或计划,更可能身陷"瘫痪性矛盾"(Jones, 1993, p. 158)或无法提出社会行动的一般性策略(Cole, 2003, p. 492)。

明确的规范性愿景的缺席也给批判性素养课堂带来问题(Mellor & Patterson, 2001)。后结构主义的批判性素养的典型教学策略是鼓励学生对任何文本进行多元解读(例如 McLaughlin & DeVoogd, 2004; Morgan, 1997)。然而,不少教师认为并非所有的"阅读"都是平等的。大多数教师厌恶并极力反对种族主义、性别歧视或其他可能边缘化或伤害他人的解读方式。但是,如果你的批判性素养教学受后结构主义理论影响,你凭什么认为一种解读方式优于另一种呢? 布朗尼·梅洛和安妮特·帕特森(Bronwyn Mellor & Annette Patterson, 2001)曾试图协调而非消除这种紧张关系,他们声称"我们愈发觉得实践的规范性应当得到认可,以鼓励某些特定解读方式的产生而非其他解读方式"(p. 132)。看来规范性问题在批判性素养中难以规避。

现在,我们把目光转向后结构主义理论的优点。一个在批判性素养方面尤为突出的优点是:后结构主义对语言权力的关注鼓励我们揭示语言如何参与对现实的建构(Agger, 1991)。它关注文本的建构方式,以及该建构方式如何塑造我们的理解和行动,因此它不仅鼓励对文本本身持批判立场,也需要我们对课程和学校教育的建构持批判立场(Mellor & Patterson, 2004)。很多学者认为对文本的质疑态度将是学生今后生活中必备的技能(例如 DeVoogd, 2006; McDaniel, 2004)。

鼓励反思,这是后结构主义理论的另一优势。正如导言章节所述,均衡化素养课程应遵循四重资源模式:学习代码、赋予意义、使用文本和分析文本(Luke, 1995; Luke & Freebody, 1999)。使用文本包括设计或构建文本(Janks, 2000)。在多元素养环境中(The New London Group, 1996),我们尤其需要关注设计和再现,因为许多学生在学校内外创造了大量的文本。批判性素养的后结构主义理论引导我们思考我们的文本是如何再现他人和这些再现的可能后果(Stevens & Bean, 2007)。

反思时刻

- 现在你对后现代和后结构主义理论有什么理解?
- 你如何使用后结构主义理论来指导课堂实践?
- 还有哪些问题需要解决?
- 你对哪些理论感兴趣?为什么?

一个综合性理论:批判后现代主义

我们探讨的最后一个理论是批判后现代主义。一些学者认为,批判性素养既需要弗莱雷理论中的民主视野,也需要后结构主义的质疑精神(McLaren & Lankshear, 1993; Sholle, 1992)。安荣及其同事指出(Anyon 等,2009),我们需要一个同时批判性地审视宏观(如全球化等更广阔的社会背景)和微观(例如学生间的课堂互动)层面的理论。

批判后现代主义下的批判性理论既包括了后现代主义和后结构主义理论工具,又不放弃批判理论的解放性目标(Aronowitz & Giroux, 1991; Sholle & Denski, 1993)。史坦利·艾伦维茨和亨利·吉鲁克斯(Stanley Aronowitz & Henry Giroux, 1991)认为批判后现代主义同时提供"批判的语言和可能性的语言"(p. 190)。在他们看来,批判后现代理论:

不仅必须质疑导致不同群体间不平等的压迫形式,而且挑战长期掩盖自身权力关系的制度和意识形态的边界。(p. 194)

换言之,批判后现代主义既保留了对美好社会的规范性愿景,又利用后结构主义分析工具批判微观和宏观层面的权力运作。

这种对批判理论和后现代理论的综合应该符合安荣(Anyon, 1994)"有用的理论"的标准(p. 129)。他认为有用的理论是理论和实践的结合:"提供建议,帮助人们创造更人道、更公平的社会。因此,理论本身是社会进步的积极力量。"(p. 117)

彼得·麦克拉伦和柯林·兰克谢尔(Peter McLaren & Colin Lankshear, 1993)提出一种基于批判后现代主义的批判性素养。在他们眼中,批判性素养以对现实的批判性分析作为变革未来的工具,揭示现状下的隐藏前提,考虑文本对身份和能动性的影响。由这一理论引导的批判性素养在我们日常复杂乃至矛盾的话语中"引领道德和政治的航向"(p. 412)。

《思维的种子》一书中的批判性素养深受批判理论和后结构主义理论影响。在本书中,批判性素养:

描述教师和学生如何解构被传统视为理所当然的文本(Lankshear, 1994)。我们相信课堂实践中的批判性素养包括让学生意识到:

- 文本是社会建构的产物;
- 文本不是中性的;
- 作者采用特定话语(通常是主导性话语),并假定读者也能运用它们;
- 作者在构建文本时做出某些有意和无意的选择;
- 这意味着所有文本都有留白,其中存在特定的再现形式;
- 文本影响我们对自身、他人和世界的理解。

对我们来说,批判性素养的另一个重要方面是支持学生将文本与他们的生活经历联系起来。(Sandretto & Critical Literacy Research Team, 2006, pp. 23 - 24)

根据批判性素养研究团队的批判性素养定义，我们制作了这份批判性素养的提纲（见图 4）以指导课堂实践。它明确提出了一个基本假设（“所有文本都是人为建构的”）。然后是作者的角色（“作者选择文本中包含什么，不包含什么，因此有些人或事可能被排除在外。作者也选择如何再现人或事物”）。接下来是读者的角色：“读者把不同的知识和经验带进来；读者以不同的方式理解文本。”读者的后一个角色让教师在任何课堂上鼓励学生以不同方式解读文本。这份提纲的结尾处写着“那又怎样？我们会逐渐意识到文本如何影响思想和行动”。

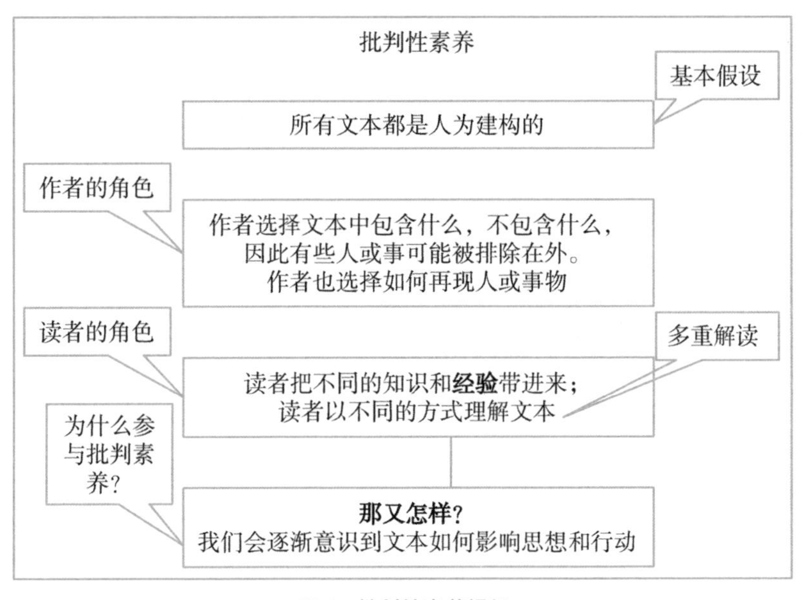

图 4　批判性素养提纲

在这一提纲上，这些基本前提与作者和读者的角色都与后结构主义理论联系甚密。但最后的“那又怎样？”则体现了批判理论的规范性愿景。为什么我们要让学生成为文本分析大师？很简单，因为文本是人造物，对我们有强大的影响力。换言之，文本能够塑造思想和行动（文本产生深远影响的例子之一，参见图 5）。

图5　一个种族主义文本
来源：http://ehistory.osu.edu/

小结

本章始于对理论如何引导教育实践的探讨。我相信二者间的关系就像教学和测评之间的关系一样，相辅相成，互相促进。在一次出门访谈中，一名参与研究项目的教师说：

> 我很享受这个机会……大量阅读、汲取思想、互相探讨……否则，整天忙于教学，没有机会思考这些更“理论性”的东西。这些东西必须先被理解，才能得到更好的应用。(Exit interview, 10/11/06, p.4)

换言之，我们需要机会反思理论和实践。

戴上批判理论家保罗·弗莱雷和后结构主义者的墨镜之后，我们发现教育工作者确实经常戴上这两副眼镜进行批判性素养实践。我们探讨了这两种眼镜的优缺点和两者的结合——批判后现代主义。当然,我们简短的探讨是有风险的,读者得到的可能只是关于理论的刻板印象。因此,如果读者对这些理论有兴趣,可以参考本章末尾的拓展阅读书目,以便更深入地探索这些理论。

柯林·兰克谢尔(Lankshear, 1994)称:

> 批判性素养中没有亟待揭示的终极范式或正统权威。许多批判性素养意义上的连贯性都可能是——也确实是——被建构出来的。(p. 4)

在本章中,我并不提倡单一理论或某种通用方法。我给出了两种帮助我们对批判性素养进行思考的理论视角或工具。我同意拉贾戈帕兰(Rajagopalan, 1998)的观点,即我们必须不断反思我们在教育中使用的理论,警惕任何一种理论"能一劳永逸指明正确实践方向"(p. 351)的诱惑。诺博尔和希利(Knobel & Healy, 1998)也强调我们应该对批判性素养的理论和实践进行常规性、批判性的反思:

> 教师要不断反思他们是如何被课堂上的批判性素养所建构的,思考他们是否有意无意地期待学生在社会议题上采取什么立场。教师必须小心谨慎,以免自身陷入某种形式的政治操纵。他们应当参与旨在鼓励讨论和多元观点的分析和批判活动。(pp. 4 - 5)

当你在自身所在环境中参与批判性素养实践时,你可能会回到本章,思考或反思你青睐的批判性素养背后的理论。芭芭拉·科本(Barbara Comber, 2001a)认为:

> 批判性素养反对任何简单化或普遍化的定义,因为它的目的是分析语言实践、权力关系和身份之间的关系——这种分析需要基于当地具体的情况进行。(p. 271)。

因此,虽然本书提供了一种批判性素养理论,但如何实践取决于你。下一章我们将深入探讨对话。

反思时刻

- 你现在对理论有什么理解？
- 你目前的批判性素养受哪些理论影响？
- 你目前对批判理论、后结构主义和批判后结构主义有什么理解？
- 你的批判性素养教学受哪种理论影响？为什么？
- 你觉得理论和实践的关系是什么？

拓展阅读书目

批判性思维和批判性素养

Bailin, S., Case, R., Coombs, J.R., & Daniels, L.B. (1999a). Common misconceptions of critical thinking. *Journal of Curriculum Studies, 31*(3), 269 - 283.

Bailin, S., Case, R., Coombs, J.R., & Daniels, L.B. (1999b). Conceptualizing critical thinking. *Journal of Curriculum Studies, 31*(3), 285 - 302.

Clarke, L.W., & Labbo, L.D. (2005). "A stereotype is something you listen to music on": Navigating a critical curriculum. *Language Arts, 83*(2), 147 - 157.

Cooper, K., & White, R.E. (Eds.). (2008). *Critical literacies in action: Social perspectives and teaching practices*. Rotterdam, The Netherlands: Sense Publishers.

Knobel, M., & Healy, A. (Eds.). (1998). *Critical literacies in the primary classroom*. Newtown, NSW: Primary English Teaching Association.

Mulcahy, C.M. (2008). The tangled web we weave: Critical literacy and critical thinking. In L. Wallowitz (Ed.), *Critical literacy as resistance: Teaching for social justice across the secondary curriculum* (pp. 15 - 27). New York, NY: Peter Lang.

批判理论

Agger, B. (1991). Critical theory, poststructuralism, postmodernism: Their sociological relevance. *Annual Review of Sociology, 17*(1), 105 - 131.

Luke, A., & Woods, A. (2009). Critical literacies in schools: A primer. *Voices From the Middle, 17*(2), 9 - 18.

Morrell, E. (2008). *Critical literacy and urban youth: Pedagogies of access, dissent, and liberation*. New York, NY: Routledge.

Willinsky, J. (2008). Of critical theory and critical literacy: Connections to the legacy of critical theory. In K. Cooper & R. E. White (Eds.), *Critical literacies in action: Social perspectives and teaching practices* (pp. 3 - 20). Rotterdam, The Netherlands: Sense Publishers.

保罗·弗莱雷

Freire, P. (1999). *Pedagogy of the oppressed* (M. B. Ramos, trans. Revised ed.). New York, NY: Continuum.

Freire, P., & Macedo, D. (1987). *Literacy: Reading the word and the world*. London, UK: Routledge.

Glass, R. D. (2001). On Paulo Freire's philosophy of praxis and the foundations of liberation education. *Educational Researcher, 30*(2), 15 - 25.

Mayo, P. (1995). Critical literacy and emancipatory politics: The work of Paulo Freire. *International Journal of Educational Development, 15*(4), 363 - 379.

后现代主义/后结构主义

Davies, B. (1994). *Poststructuralist theory and classroom practice*. Geelong, Vic: Deakin University Press.

Lankshear, C., & McLaren, P. L. (Eds.). (1993). *Critical literacy politics, praxis and the postmodern*. Albany, NY: State University of New York Press.

Meacham, S. J., & Buendia, E. (1999). Modernism, postmodernism, and post structuralism and their impact on literacy. *Language Arts, 76*(6), 510 - 516.

Mellor, B., & Patterson, A. (2004). Poststructuralism in English classrooms: Critical literacy and after. *International Journal of Qualitative Studies in Education, 17*(1), 83 - 98.

Misson, R., & Morgan, W. (2006). *Critical literacy and the aesthetic: Transforming the English classroom*. Urbana, IL: National Council of Teachers of English.

批判后结构主义

Aronowitz, S., & Giroux, H. A. (1991). *Postmodern education: Politics, culture, and social criticism*. Minneapolis, MN: University of Minnesota Press.

McLaren, P., & Lankshear, C. (1993). Critical literacy and the postmodern turn. In C. Lankshear & P. McLaren (Eds.), *Critical literacy: Politics, praxis, and the postmodern* (pp. 379 - 419). Albany, NY: State University of New York Press.

Sholle, D. (1992). Authority on the left: Critical pedagogy, postmodernism and vital strategies. *Cultural Studies, 6*(2), 271 - 289.

第三章 对话:你是如何开展的?

本章系与斯考特·克莱纳合著

引言

鲜有教师质疑让学生参与对话的价值。事实上,对话在教学中的卓著地位甚至已让它成了讽刺戏谑的对象。请看电影《春天不是读书天》(*Ferris Bueller's Day Off*)(Hughs, 1986)里高中经济学课堂上的一幕:学生面向教师排排而坐,教师则站在满满一黑板的笔记面前:

> 1930 年,由共和党人控制的众议院为了缓解什么的影响?有人愿意回答吗?有人吗?大萧条的影响,通过了什么?有人愿意回答吗?有人吗?关税法案?斯姆特-霍利关税法?是哪一个?有人吗?提高了还是降低了?……提高了关税,为了增加联邦政府的收入。有用吗?有人吗?有人知道它的效果吗?它毫无用处,美国政府在大萧条的泥潭里愈发泥足深陷。今天我们对此有个类似的争议。有人知道这是什么吗?班上的同学们?有人愿意回答吗?有人吗?有人以前见过这个吗?拉弗曲线。有人知道这是什么吗?它是说在收入曲线上的这一点上,你能获得和这一点完全相同的收入。这就非常有争议了。有人知道 1980 年副总统布什把它叫作什么吗?有人吗?叫什么术经济学?"巫术"经济学。

本章会告诉我们:这可能是最糟糕的、最低效的鼓励课堂对话的方式(我们将在后面内容里再次回到本例,并解释原因)。在本章,我们会分析课堂内容文字稿和协作教师的反思,以评估教学实践的转变,指明在未来应该如何完善和拓展对话的使用。本章借鉴了倡导对话教学的理论家的思考、引用了批判性素养领域的文献,并鼓励教师制定策略以协调教师主导的教育和学生引领的教育之间的二元对立。本章还将展示教师学习小组如何在教学的关键时刻促进有技巧的对话、提高教学工作者的提问技巧,让他们掌握更多的技能和信心以便管理课堂,这样的课堂既有教师的引导,也有学生的引领。

反思时刻

- 你目前如何使用对话?
- 如果有可能,你想做出哪些改变?为什么?

为什么是对话?

批判性素养教育的主要目标之一是培养多元视角(McLaughlin & DeVoogd, 2004a; Sandretto & Critical Literacy Research Team, 2006)(我们将在第七章进一步探讨这一目标引起的紧张关系和冲突)。在新西兰进行一个为期三年的批判性素养策略发展和实施项目时,我们发现对话是达成这一目标的主要教学方式(Sandretto & Critical Literacy Research Team, 2008; Sandretto等,2006)。可能你还记得在第二章中,我们视批判性素养为一个文本分析者的实践(Luke & Freebody, 1999)。它让读者质疑文本的建构和生产方式;思考文本如何包含、排斥或再现;将文本与他们的生活联系起来并反思文本的影响。对话教学鼓励学生探索多元视角、和学生自身经验产生联系并共同构建理解(例如Applebee等, 2003),最终促进文本分析者的实践。

这种实践的一个例子是五、六年级学生的社会研究课。这节课以对话为基础,探讨对象为在淘金热时来到奥塔哥的中国移民。学生们在课堂上研究当时的社会对中国人的歧视。教师分发给学生一些档案材料,这些材料里满是对中国淘金者的负面再现。教师要求学生重读这些材料,探索刻画中国淘金者正面形象的多元视角。教师让学生思考中国淘金者其他可能的再现方式,鼓励学生(重新)建构对新西兰历史的阐释。学生在随后的刺激回忆访谈[1]中表示：

> 研究者：好的。你觉得你今天学到了批判性素养的哪些内容？[老师]贴了海报，也谈到了批判性素养，没错吧？
>
> 学生1：每个人都对……有不同的看法。针对一个故事可以有不同的观点。
>
> 研究者：好的。
>
> 学生2：可以有不同的方面。
>
> (SRI, Year 5/6, 3/4/07, p.2)

在这个案例中，对话似乎成功地鼓励学生看到了议题的多面性。

对话——或"批判性交流"(Jewett & Smith, 2003)——的应用在批判性素养文献中非常普遍。但正因如此，反而很少有人详细讨论或剖析其应用。例如，伊丽莎白·昆特罗(Elizabeth Quintero, 2009)认为多元文化儿童文学和"提问式批判性素养路径"相结合后，使得"即使在一个充满冲突和混乱的世界里，复杂议题都可以通过持续对话解决"(pp. 2 - 3)。但在我们看来，这种说法过于幼稚，甚至可能贻害无穷。在本章中，我们会从批判性素养的视角审视我们在批判性素养教育中的对话使用，解释为何我们需要谨慎对待我们提出的观点。

让我们回到本章开头的那个例子。《春天不是读书天》的教学片段提醒我们：我们努力开展和延续的对话并不一定都能像上面批判性素养研究项目的案例中那般成功。当研究者探索对话对学生学习的效果时，他们注意到其中普遍充斥着这么一个熟悉的模式：教师提问、学生回答、教师评估这些回答（即IRE模式）(Applebee等, 2003; Nystrand, 1997; Skidmore, 2006)。研究表明，这一模式已然根深蒂固；但它无法让学

---

[1] 刺激回忆访谈指研究事件发生不久后由一个刺激促成的个体访谈或小组访谈(Lyle, 2003)。在批判性素养研究中，学生小组观看他们刚刚参与的一节批判性素养课后，回答研究者的问题。这些访谈内容的文字稿帮助参与的教师反思其教学实践。

生如我们预期的那样参与其中并有所成就，因为它侧重知识的传递，在鼓励学生深入思考方面——尤其是批判性思维——则收效甚微（Applebee 等, 2003; Nystrand, 1997）。这种教育观其实就是保罗·弗莱雷所谓的“银行储蓄式”教育模式（Freire, 1999），即“学生是金库，教师是储户。后者不是在交流；而是在发布公告、存入款项；前者则被动地接收、记忆与重复”（Freire, 1999, p.72）。重温《春天不是读书天》里的这堂经济学课时，我们可以看到如果学生愿意参与对话、回应教师的提问，这节课遵循的就是 IRE 模式。但整节课上学生似乎所学甚微，对批判性思维的应用也几近于无。

大多数教育工作者对 IRE 模式已习以为常，积习难改。在早期批判性素养研究中我们自己也深陷这种屡试不爽的模式：

> 教师：啊，我们想一想刚刚读的内容，迪恩的问题是什么？[同学们]？
>
> 学生 1：派对在周六举行，今天就是周六。
>
> 教师：确实很棘手啊，谢谢。还有其他的吗？还有人想补充下迪恩的问题吗？
>
> 学生 2：他还没给妈妈看邀请函。
>
> 教师：谢谢，很好。还有吗？
>
> 学生 3：可能已经两点钟了。
>
> 教师：不管怎么样，可能已经相当晚了。
>
> （WCL, Year 3, 31/3/05, p.4）

我们可以看出上述对话高度依赖 IRE 模式。但在一个试图鼓励一般性的批判性思维——尤其是批判性素养——的课堂上，这节课显然问题重重，因为它取消了对多元解读的探讨，转而把教学重点放在知识传递上（Applebee 等, 2003）。

马丁·奈斯特兰德（Martin Nystrand, 1997; 2006）和同事们（Applebee 等, 2003; Nystrand & Gamoran, 1989）研究了教师采用的对话教学类型和学生成就（尤其是阅读理解）之间的联系。在一项研究中，他们观察了美国 5 个州 19 所学校的 64 节课（Applebee 等, 2003）后发现，当教师将高学术要求与对话教学相结合时，学生的素养成就和阅读理解能力均有所提高。这一发现证实了奈斯特兰德（Nystrand, 1997）更早的一项研究结果，即“教学的关键是：学生学习的质量与课堂对话的质量密切相关”（p. 29）。

但 IRE 式提问并非全无用武之地。奈斯特兰德（Nystrand, 1997）发现有些教师会用叙述的方式回顾之前的授课内容。此时课堂发言先由教师主导，再逐渐过渡为一个更为对话式的教学方式。课堂对话质量取决于“**教师要求学生思考而非单纯报告他人想法的程度**”（Nystrand, 1997, p. 72）。更重视学生批判性思维的教育观将学生视为“与教师进行对话的批判性合作调查员”（p. 81），与弗莱雷（Freire, 1999）的“提问式教育”显然更加吻合。我们在思考对话教学中教师和学生的角色时，必须得反思权力问题。下一小节我们将一起讨论权力。

反思时刻

- 你觉得你将 IRE 模式当作默认模式的频率如何？
- 你什么时候可以策略性地使用 IRE 模式实现特定目标？

重新思考权力

在第二章探讨过理论工具后，我们认为：如果一个人想从更广泛的语境——如权力关系——出发审视课堂对话，他有必要将“权力”这个概念理论化。鉴于目前权力经常被视作压制行动的消极力量，这一理论化至关重要。米歇尔·福柯（Michel Foucault, 1978；1988d）的积极性权力观念对此极为合适。对福柯而言，社会充斥着权力关系。“这是一整套权力关系网，可以在个体之间、家庭内部、教育关系、政治组织等各种领域中运行”（Foucault, 1988d, p. 3）。虽然他也承认权力包含压迫性，但是他认为仅考虑权力的压迫性忽视了权力生产性的一面。压迫性让我们把权力当成禁止或制裁的力量，但这本身就是过于消极的权力观，使我们无法想象权力也能够生产愉悦或知识等。因此，他将权力视为一种在社会框架中运行的生产性网络（Foucault, 1984c）。

就课堂而言，我们认为教师既要正视权力实施压迫、拒绝开放对话的可能性，也要将它视为一种可促进开放对话、让人们自觉自愿自由表达想法的生产性力量。我们并非宣称我们可以实现完全开放的对话。但我们认为反思分析可让我们认识到阻挠开放的特定障碍。再一次，福柯（Foucault, 1988b）的观点发人深省：

> 对权力关系的分析构成了一个极为复杂的场域。有时它会遇到我们所谓的事实或支配状态。在这种情况下，权力关系并非是多变的，也不允许不同的参与者使用策略改变权力关系，权力关系是牢牢嵌定且凝固不变的。（p. 3）

根据福柯所言，虽然权力分布在社会语境（如课堂）中，但它可以在特定的领域凝固下来、造成堵塞、取消参与者的能动性（也请参见 Davies, 1990; Laws & Davies, 2000）。通过分析和反思，我们可以认识到教师的角色及角色中包含的关系和地位如何凝固对话。然后，我们可以考虑开发一些工具，让教师能够更好地利用课堂中存在的权力关系消除这些障碍。因此，我们可以提高学生的能动性——即发言，尤其是言其所思——作为批判性文本分析的一部分。

因为权力既是生产性的也是压迫性的，我们希望读者能注意到一些教育对话文献中的术语使用问题。“真实提问”（Applebee 等，2003）、“合作性讨论”（Sawyer, 2004）、“真正的对话”（Wilson & Laman, 2007）、“真正的理解”（Apple, 1993）等诸多术语都暗示着真实对话的意义确实清晰可辨、至关重要，或者它是我们在课堂中努力追求的理想状态。但是对批判性素养教学而言，关注这一真实性可能会带来问题，因为“对其中涉及的权力关系的天真无知可能会损害任何有效性”（Morgan, 1997, p. 16）。换言之，我们在实施批判性素养教育时要万分小心，因为一旦停止反思权力关系，我们使用的方法可能会背叛我们的真心好意。

虽然这些探讨并非直接围绕课堂对话进行，但的确有不少作家提到“真诚”“真实”

“声音”和“赋权”等术语使用的问题(例如 Ellsworth, 1989; Lather, 2000)。他们认为这些词语在课堂语境下毫无意义,因为无论是真实、声音还是其他术语的意义都是多面的、流动的、有限的、偏狭的;它们都受权力因素影响,使得非强迫性交流或对话策略无法实现。也就是说,对话中的权力问题永远无法消除。在思考基于对话的课堂时,这些观点提供了宝贵的批判性洞见。它提醒我们警惕诸如真实性这些概念的流动易变的本质,注意到对话方式至少经常是策略性的。也就是说,教师往往会有一个他们想要实现的课堂目标。对话无法像这些术语最纯粹的定义那样;它永远无法完全自由、完全开放、完全真诚或完全真实。如果我们依然认为完全的相互对话是可实现的,我们可能轻描淡写了课堂及其权力关系的复杂性。

总之,如果一味关注真实性或交互性却毫无反思,我们可能会与权力、身份、权威、流动性等塑造课堂话语的因素渐行渐远(Boler, 2004)。只有认识到真实性、真诚性等术语的有限性,我们才能关注权力关系是如何阻碍课堂上的真实对话的。

教师发起对话时往往带着目的。哪怕这个目的是促进对某个话题的公开探讨,哪怕教师无意传递信息,他依然是课堂中的权威人物。因此,在课堂上真正的相互对话是无法实现的。但这并不意味着我们应当放弃对话教学。我们很快会看到:在课堂的一片喧哗与忙乱中,权力关系可以在那么短短几刻发生转移,创造出更具交互性和真实性的对话空间来培养学生的批判性素养。

威廉·卡尔森(William Carlsen, 1991)在研究课堂提问时,提出了一个社会语言学框架。该框架凸显了对话诠释的诸多问题,强调在发展课堂对话时,应该理解权威关系,认识到地位在塑造课堂对话时的重要性。每个人都能完全自由地参与任何对话——这是一个过于理想化的想法(Boler, 2004);师生关系本身就是对话的一大挑战。在课堂情境下,课堂地位对公开对话的消极影响不容小觑。当我们在研究中进行刺激回忆访谈时,学生会被问到他们在挑战教师观点时内心是否笃定自信。虽然有些学生表示肯定,但依然有相当多的孩子坦白这一过程让他们感到非常不适。学生还害怕说错话。当被问到教师应当如何改进批判性素养对话时,一名受访学生说:“问更多开放性问题,这样我就不必担心我的答案和问题是愚蠢的。”(SRI, 21/6/07, p.7)

反思时刻

- 将权力视为一种生产性力量对你的教学有哪些影响?
- 这一权力概念让你如何重新思考你的教学?

开展对话

我们在分析课堂内容文字稿和对话教学文献后,已经逐渐意识到开展对话需要一些前提条件;只有这些条件成立,教师和学生才能充分发挥对话教学的潜力。虽然不少前提条件看起来如同常识,但我们发现,在研究项目里的许多教师需要将这些前提条件明确化之后才能时刻关注它们。

第一个前提条件:教师重视学生在对话中的理解与贡献。如果教师在焦点对话中的目标是寻找"正确"答案,这一前提条件往往不复存在(Nystrand, 1997)。在批判性素养教育中,我们特别强调帮助学生建立个人经验与文本之间的联系(Comber 等, 2001; Morgan, 1997; Sandretto & Critical Literacy Research Team, 2006),因此学生在对话中的贡献就异常重要。以下教学片段摘自一堂分析图派克和埃尔顿·约翰合作的音乐视频《贫民窟福音》(*Ghetto Gospel*)的批判性素养课(Shakur, 2004)。这一视频描述了美国黑人社区一名毒品贩子之死。在这个片段中,教师让学生思考他们在视频中注意到的场景并为他们的观点提供证据:

教师:好。好的。他们是怎么向你们展示毒品的存在的?

学生1:他们在贩毒。

教师:他们在贩毒?……你怎么知道的?

学生1:有一大群人。

教师:有一大群人,他们做了什么?

学生1:呃……

教师:他们做了什么? 你看到有钱经他们手了吗?

学生1:我不知道。看不清楚。

教师:看不清楚。

学生1:是的。

教师:那你怎么知道里面有毒品?

学生1:一大群人。我觉得他们在贩毒。

教师:你觉得你知道他们干了什么? 很好,这是你的观点。把它记下来。把你的观点记下来。

(WCL, Year 11,15/3/07, pp.7-8)

这个片段展示了学生的贡献是如何被认可的。其实教师对学生回答的态度是中立的:她并没有说她觉得这个场景涉及贩毒,而是试着让学生讲清楚为什么他觉得这是一幕贩毒场景。更重要的是,教师的评价肯定了学生在这个语境下的观点的重要性。

批判性素养课堂对话的另一个前提条件是:教师将学生的问题视为重要的对话起点。下面的教学片段里,教师肯定学生回答的方式是将他的问题视为对话起点。这场课堂对话围绕的是校园里的一个工地以及它对校园环境的影响。课堂关注的是在协商过程中哪些人被排除在外,哪些人参与其中,以及它对学生来说意味着什么。学生们思索决策对他们的影响、基于他们观点的备选方案,以及如何恰当地表达这一观点。

学生1:你可以把图书馆搬到另一栋房子里头……?

教师:这个主意不错,我头一回想到,所以你是说……所以你觉得他们不应该砍树?

学生1:不该。

教师:为什么,为什么你觉得他们不应该砍树?

学生1:唔,因为那样的话他们没法得到充足的氧气。

教师：好的，充足的氧气，不错……

学生 2：在树下放一些座位，这些树就是很好的遮阳伞。

教师：不错。

（WCL, Year 5/6, 1/5/07, p.2）

在这场关于图书馆照明和树木去留的对话中，教师让学生的问题引导对话走向。他还通过“不错”的评价和承认自己未曾想到某些观点，肯定了学生问题的价值。让对话跟随学生问题流动时，教师自愿让渡对话的部分控制权，让学生从自身知识出发提出问题、控制对话的走向。

学生知识在丰富对话深度中的重要性让我们开始关注显性教学。

反思时刻：

- 在不刻意向学生表明这是“正确”答案时，你如何肯定学生在对话中的贡献？
- 你如何鼓励学生提问并将它视为一种允许学生引导对话的方式？

显性教学

在我们研究团队的工作日会议上，显性教学和学生引导的对话之间的冲突屡屡出现。其中的关键在于：学生的对话是受经验限制的，因此教师的职责之一是通过知识和活动来丰富学生经验。在工作日会议中，教师也提到学生对话的局限性，因为学生“不知道他们不知道什么”（WCL, Year 5/6, 1/5/07, p.2）。我们非常清楚地意识到为了让学生批判性地思考文本，我们要用直接教授的方式给学生提供对话必要的知识和支架。

艾伦·麦金泰尔（Ellen McIntyre, 2007）与我们在批判性素养教学方面观点一致。他认为我们需要取得一种平衡，让显性教学促进基于对话的学习。我们所谓的显性教学,是指课堂中教师以更传统或自上而下的方式传递信息。为了对话能够成功进行,参与者需要相关的话题知识和技能。

课程中的支架是"帮助孩子或初学者处理那些仅凭自身努力不足以处理的问题、任务或目标的过程"(Wood, Bryner, & Ross, 1976;引自 McIntyre, 2007, p.611)。支架对一个基于对话的课堂至关重要,因为学生不仅需要更多可被讨论的知识,还需要强化对话技能。教师可以用大量支架技巧培养学生的对话技能,其中之一是"摄入"(又称后续问题),即教师基于学生之前说的内容继续提问,而不是转移到另一个话题(Nystrand, 1997)。这一技巧让学生思考他们的回答(Christoph & Nystrand, 2001)并在后续延伸问题中肯定学生的回答。更重要的是,这些对话技巧是"可教授的"。在我们的批判性素养研究中,学生对"摄入"的使用愈发熟练,比如他们会经常说"我同意(某某学生)"或"我不同意(某某学生)"(WCL, Year 5/6, 25/8/06, p.3)。

这种支架是"真实"的,因为它随着对话进行自然而然地生发出来、环环相扣。不过,用参与对话的方式进行显性教学也同样重要。参与我们研究项目的教师在帮助学生锻炼对话技能时,使用了不同的方式,包括明确教授对话准则,如:合理质疑他人回答时关注对方的观点、不进行人身攻击①、鼓励学生补充其他学生的观点、由学生引导提问走向以创造良好的谈话氛围。教师也探讨了教授适当的倾听技巧的重要性。

人们越来越意识到成功对话的取得经常需要支架的辅助。这与我们的问题极其吻合,即教师如何处理显性教学和真实参与对话之间的平衡。基思·索耶(Keith Sawyer, 2004)的即兴剧场类比为对话教学提供了有趣的视角。索耶(Sawyer, 2004)和我们都认为一个开放对话的结果是无法预测的②,因为对话由师生双方共同参与建构。我们项目中的教师也注意到了批判性素养对话的不可预测性,并将之比喻为"打开潘多拉之盒"(RTWD, 5/8/05, p.20)。索耶(Sawyer, 2004)将对话这一不稳定特

① 人身攻击的论证唤起的是情绪和偏见而非逻辑,因此它一般是指向个人的。比如:"她能知道多少,她只是个孩子。"

② 见第七章关于批判性素养课堂不可预测性的讨论。

质称为“合作性生发”(p. 13)。因为这种无规律性,他认为我们可以把对话教学视为参数框定下的即兴创作,或“受规训的即兴创作”(p. 13)。他以即兴剧场的模型为例解释知识如何塑造创造性经验。同样的模型也适用于以对话为基础的教学。换言之,可创造性地使用固定的结构(Sawyer, 2004)。

因此,即兴课堂要求教师对于教学内容具备高水平的知识储备(Sawyer, 2004)。教师若想以创造性的方式回应学生的贡献,必须熟谙教学材料。我们在研究批判性素养课堂对话时也发现:学生对教学材料的了解程度同样重要。当学生对话以二次文本阅读为基础或与一个更大的学习单元产生联系时,他们在对话中的参与度高于那些既无背景知识也无个人经验的学生(Sandretto & Critical Literacy Research Team, 2006)。因此,我们认为显性教学(有些人可能称之为传统教学)可以成为以对话为基础的教学的一项优势。对话必须围绕事件或话题展开,因此师生都应该了解这一事件或话题的相关事实和观点。

教师不仅要考虑课程在课堂实施中的微观政治,还得考虑国家背景下的宏观政治。目前大多数学校面临的现实是:自上而下的政府指令在不同程度上左右了课程内容。至少在新西兰,学校范围内的统一规划进一步压缩了话题范围。索耶借用“结构性对话”(Erickson, 1982;引自 Sawyer, 2004)来描述大体即兴的对话如何被限制在一个结构性框架之内。教师可以利用专业知识,在适当的时候教导学生如何在这些限制性框架内运作和周旋。教师的这一生产能动性可以促进公开的课堂对话。

在一节即兴课堂中,一方面是限制课程与对话的宏观和微观结构,一方面是促成合作对话必要的灵活性,如何平衡二者是教师面临的挑战之一。下一小节我们会探讨构建和延续对话的策略如等待时间、真实教师提问和重新定位。

反思时刻

- 你现在是如何进行显性教学的?
- 什么时候你会在教学中进行“受规训的即兴创作”?

构建和延续对话的策略

在刚开始讨论显性教学和学生主导的对话之间的对立时，我们就意识到如果教师想利用而非克服这种二元对立，需要考虑等待时间、真实提问和重新定位等问题。在解构一堂批判性素养课时，这些工具给教师提供了关注点。通过批判性地分析教师如何允许或不允许等待时间、问题是否真实、教师如何定位自身继而如何定位学生，他们可以捕捉到改善对话使用的关键时刻。

等待时间

即使是教学新手也应该非常熟悉等待时间这一概念。它是教师在提问后或在学生回答后的等待时间(Rowe, 1986)。研究发现：

> 教师提问后一般会等一秒甚至更短的时间让学生回答。学生话音落后，他们往往会在一秒内反馈或提出下一个问题(Rowe, 1986, p.43)。

现实如此，我们还在疑惑为何高效课堂对话展开得如此艰难！

帕克·帕尔默(Parker Palmer, 1998)用"对话心脏复苏术"(p. 82)来描述他在教学时如何填充这段沉默。他将心肺复苏术的比喻用于死气沉沉的对话场景中，描绘了一个训练有素的医疗专业人士对一颗骤停的心脏实施心脏复苏术的情景。他解释说当他进行"对话心脏复苏术"时，对话时机已然丧失，因为他这么做是为了引导教学，而非给学生教学性的沉默时间和空间以便他们深入思考。也就是说，给学生思考时间和空间的机会已经流失了。

肯尼斯·托宾(Kenneth Tobin, 1987)认为等待时间长短应该取决于你的目标：

> 如果互动的目标是加深记忆或机械学习，等待时间越短越好。如果课堂对话是为

了催化更高的认知过程，教师一般应给学生三到五秒的等待时间。(p.91)

批判性素养教学的目标正是鼓励学生进行批判性思考和探索多元解读，因此等待时间自然越长越好(Cazden, 2001; Rowe, 1986; Tobin, 1987)。

反思时刻

- 你一天会进行多少次"对话心脏复苏术"？
- 你如何提醒自己延长等待时间？

真实教师问题

大量文献都探讨过真实提问的必要性(Applebee 等，2003; Hadjioannou, 2007; Skidmore, 2006)。"真实问题"指提问者事先不知道答案的问题。需要解释型答案的问题也属于此列，因为从定义上就能看出，解释型答案往往是开放多样的(Skidmore, 2000)。当教师提出真实问题——他事先并不知道答案——时，他可以改变对话中的权力关系。在提问那一刻，他就成了一名求知的学习者。这样一来，如果我们将权力视为关系建构之产物而非某人持有之物，权力就发生转移了(Foucault, 1978;1988b)。在对话的那一刻，教师已不再是教师。

尽管我们已经意识到我们进行真实提问的价值，我们依然需要以批判性眼光审慎地看待它。我们必须避免不假思索地接受真实提问的定义，避免在不同语境下使用同一套事先规定好的"真实"问题。如果你以为遵循真实提问的配方就能带来一场成功的开放对话，那你就大错特错了。我们必须记住：在不同的语境和时代中，真实对不同的人具有不同的含义。

在下面的第一个教学案例中，我们会观察一个看似进行了真实提问的情境。这类问题被称为"伪开放性问题"，因为它们只是表面上鼓励多样性回答(Barnes, Britton & Rosen, 1969;引自 Cazden, 2001)。下面的片段来自一个经常被引用的批判性素养资源（Department of Education Tasmania, 2009），其中提出的问题确实是诠释性的。然而，它并未将真实性贯彻到底。如果教师仅仅提出真实问题（即这些问题可引发解释）却没有展现出相应的开放性态度，这样的“真实”是不充分的。

这一片段里的对话是围绕着一首讽刺20世纪晚期军备竞赛的诗展开的，但对话里所谓的“真实提问”却是不真实的。

教师：好的。很好。我知道这种事情大家做过很多次了，不过你们在理解这首诗的时候用了哪些知识呢？你们在理解诗歌里讲到的内容时，调用了哪些背景知识？有些内容你们已经讨论过了。

学生1：全球变暖。

教师：全球变暖，有可能。

学生2：已经发生在你身上的事？

教师：有可能。我不告诉你它是谁写的，不过我知道它写于哪个年代，不过全球变暖，作为[停顿]隐喻，有可能。

学生3：我把它比成灰烬的孩子，你知道的，就像做了些什么，像[停顿]像核弹，然后全世界就这么终结了，像……

教师：所以你知道这是你之前了解的背景知识，你把这些知识带到了课堂上。

（WCL, Year 10, 15/3/07, p.3）

教师的问题看起来像是针对学生背景知识的真实提问。但他紧接着就限制了对话的范围，用“有可能”向学生暗示关于全球变暖的回答可能是错的。教师知道这首诗写于20世纪核战一触即发之时。根据它的创作年代，全球变暖的想法显然是“错误”的。但他的问题“你调用了哪些背景知识？”本身却没有正确或错误的答案，有的只是考虑周全或不够周全的背景经验的真实表达和学生对个人观点的理解和阐释。

当然，如果一个学生谈到消防车或水仙花，我们可能会认定它为错误答案，至少也得要求学生做进一步的解释。关键在于：回答这个问题时，真正认真思考的学生是不可能答得如此离谱的。“你如何与文本产生联系？”这样的问题需要一个主观性回答。如果你问学生为什么他们觉得要这样，你就问出了一个真实开放的问题，因为这个问题不仅包容多样性的回答，而且教师自己可能也不知晓答案。如果我们假设教师的提问有所谓的正确答案，反而会阻碍公开对话。在上面的案例里，全球变暖对一首描绘末世景象的诗来说反而是非常恰如其分的回答，因为在学生成长的年代，全新的迫在眉睫的末世隐忧是环境问题而非核战。但教师拒绝了这种诠释，也错失了用当代眼光审视这首诗的机会。教师的提问也不再“真实”了。

在讨论小说《飞越疯人院》(*One Flew Over the Cuckoo's Nest*)(Kesey, 1973)的对话中，类似的一幕重演了：

教师：这是最卑劣的打击，不是吗？我是说，正如[某学生]所说，麦克墨菲没做这件事。好的。那她为什么要指责他拿人命开玩笑呢？“以为自己是个上帝。”为什么她要对他说这句话？

学生：可能是想让他发火……

教师：你是这么想的？让他发火，还是……她是当着所有他指挥的病人的面说这句话的吧。

学生：让他崩溃吧。

教师：让他崩溃？

学生：她要夺回权力。

教师：她要夺回权力？告诉大家她才是控制一切的那个人，不是他。

学生：让病人觉得麦克墨菲不像他们以为的那么强大。

教师：是的，我也这么觉得。她就是想这么做。那他的反应是什么？在这本书前面他一般是怎么反应的？……为什么他不愿意看她的眼睛？

学生：他可能觉得有点罪恶感。

教师：你这么觉得？我……你这么觉得？谁觉得麦克墨菲可能会有罪恶感？我不觉得。不，我不觉得[停顿]。你觉得他现在感觉怎么样？

学生：愤怒。

教师：我也觉得是愤怒。

学生：也许他要努力控制自己，不然就要发火了。

教师：不错。

（WCL, Year 13,20/3/07, p.6）

再一次，教师头脑里已经有了一个明确的答案。学生当然可以只把教师的理解当成一种观点；在研究团队工作日会议上，教师本人也觉得学生可能是这么理解教师在对话中的角色的。的确，在刺激回忆访谈中，学生也表示他们在表达不同意见时并未感觉到不适。即便如此，我们依然认为在这段关系——哪怕在高年级学生和教师之间——存在一种明显的风险，即暗示教师可能是唯一的专家和权威。在上面的片段中，当教师说，“你这么觉得？我……你这么觉得？”时，其语气很明显在暗示这是一个错误的回答。在“我……”这个拖长的语气中，未曾明言的“我不这么觉得”的暗示是相当明显的；这一点教师在评估的最后也相当坦白地承认了。其他学生有可能会赞同关于罪恶感的观点，但当教师问“我不觉得这是罪恶感。你觉得他现在感觉怎么样？”时，他迫使学生考虑除罪恶感外的其他情绪。虽然教师说得也没错，之后关于愤怒的对话也很有意义，但当他否定一个学生正当的观点——麦克墨菲可能怀有罪恶感——时，他拒绝了一个合情合理、深思熟虑的答案。不仅如此，教师让学生意识到这个问题虽然有解释空间，但教师的解释是最好的。这样一个情境关闭了公开对话的可能性。

当然，我们并未否定教师专业知识的重要性。我们只是认为在文本诠释和批判性素养中，捍卫立场的技巧——文本证据、理性辩论等——是它们的重要组成部分；而倾向某种诠释并否定另一种诠释，则刚好与文本诠释和批判性素养相对立。上面就是阻碍师生间的权力关系流动的案例之一。另一种做法是：教师让学生捍卫自己的观点进行公开对话。这样一来，更多真实诠释得以涌现，一节真正的批判性素养课才能得以展开。这会让所有学生认识到多元解读——包括他们自己的解读——只要合情合理，都具有价值，理应受到认可。

反思时刻

- 你能想到哪些你采用真实提问来改善对话的例子？

重新定位

研究者进一步发现：教师在对话中可以暂时抛下权威身份和专业知识来鼓励学生表明立场。这样一来，教师成了参与者，而非知识的来源。这对教师来说就是一种互动性重新定位(Davies & Harré, 1990)，其目的是重新定位学生，承认学生课堂话语贡献的合理性和价值。如果我们接受福柯(Foucault, 1978; 1988d)的观点，将权力视为在社会场域中由社会建构的产物，我们可以分析和思考权力关系转移的可能性。

比起教师将自身视为事实或知识的持有者，当他们有意主动地承认自身知识的局限性、褊狭性，或承认自己的观点仅是个人意见时，学生被重新定位为更平等的对话参与者。在下一则案例中，学生讨论了油管(Youtube)上一个污染主题的短视频。他们在探讨文本作者的权威性。

> 教师：什么人创造了这个文本？做出了这个视频？好吗？那名女士创造这个文本时，她有没有涉及什么利害关系？我想简短地说一下，只是我的个人想法。我不认识这名女士，但她来自地球的另一端，讨论的是加拿大的交通干道。我们这里没有交通干道。我在公路边长大，从没得过哮喘，所以……我们真的能相信她的话吗？
>
> (WCL, Year 6/7, 30/3/07, p.3)

这段教师发言的很多方面确实能提供立场转移的机会。他首先承认他对作者缺乏了解，随后从自身经验出发质疑文本的可信度。后者向学生示范了一个如何建构批判性评估的模型：借鉴个人经验。在承认他对作者缺乏了解后，教师事实上肯定了其他类似情况(对作者缺乏了解)的参与者的贡献。因此学生有机会根据教师的知识确定自己的立场。因为在作者角色这一话题上，师生处于平等地位，学生得以更频繁、深入地参与对话。本例的后续即是如此：

> 学生：呃，事实上我觉得……她说的是实话，因为她不太可能记录毫无意义的事……还把它挂在网上，如果她不想让人知道的话。因为有大量的……就像住在巴基斯坦那些地方的人一样——他们也因为吹到那里的气体受到影响……他们其实就像打仗那样。而且他们还没有……所以全部的一切就是一个大的……就是——我没法解释，不过人们肯定有其他被污染的方式。还有其他的地方，不仅仅是那里，所以如果我们不考虑这些的话……
>
> 教师：这个观点很有意思[学生]。我的观点依然是：那名女士住在加拿大，在地球的另一端，所以我们不用担心新西兰这边的问题，尤其是在达尼丁。我们太微不足道了。
>
> （WCL，Year 6/7，30/3/07，p.4）

这名学生愿意表达看法，认为视频创造者值得信任，因为他/她之前了解过污染，知道它是一个全球性问题。教师以评价性回应（观点很有意思）肯定了她的观点后，重申了自己的质疑立场（即质疑该话题和本地经验是否相关）。这一策略在该情境下尤其有效，因为本次课的目标是在一个更大的学习单元下讨论学生所处的本地社区的安全性。教师在表达对文本和作者的观点时采取了本地立场；这一立场能够让学生根据之前关于当地污染的课堂对话和个人经验参与对话。

当然重新定位无法完全终结课堂中的身份关系（Davies，1990）。师生关系文化中的权威性是在正规教育的发展历程中建立起来的；无论教师怎么告诉学生这些只是他的个人观点、他也不确定答案是什么，等等，这种权威性也不可能因此销声匿迹。而且课堂中的身份关系不仅限于教师；无论教师如何，学生在不同课堂群体的语境下也有特定的身份，同伴压力在扼杀对话方面也可能是非常有效的（Jones，1999）。况且，权力关系或身份也并非对话成功与否的唯一决定因素，其他影响学习的因素还包括情绪、心情和外界因素。教师往往只能意识到这里面的一小部分。但我们认为在一个特定的对话情境中,等待时间、真实提问和重新定位等策略可以鼓励学生更深入地参与课堂对话。接下来我们会研究教师如何反思对话教学实践。

反思时刻

- 你可以用哪些话语或策略重新定位你的学生,让他们成为更平等的对话参与者?

反思策略

我们发现,研究项目的设计——分析课堂录像——使我们能够定期开展批判性反思。视频内容被转录为文字稿,成为看视频时的分析辅助。虽然它主要是一种辅助手段,但我们发现它在视觉上刺激了教师反思,让他们很快意识到课堂上有多少教师说话时间,有多少学生说话时间(也请参见 Christoph & Nystrand, 2001; Culican, 2007)。在文字稿中,使用明亮的荧光笔标记出来的教师发言,这可成为他们反思的参考。这种分析能有效鼓励教师转变教学实践:

教师 A:我认为我现在的课堂有了更多的讨论机会……孩子们学会了如何接受不同意见、发表观点、听取别人的分享后展开辩论……批判性素养项目提高了这些能力。

教师 B:对我来说,关键的是使讨论持续下去……让孩子们回答问题、彼此交流,我更多情况下像一个引导者或推动者,不是对话的监督者。

教师 A:是的,我觉得在工作日会议上看视频的时候,我们都学会了一些非常有用的东西,比如说等待时间。它应该更加全方位地渗入到我的课堂中,[比如说]限制我提问的数量,让学生充分利用时间完整全面地回答问题……

我们也谈到反馈方式……在讨论时这些东西就一直在我的脑子里打转。(EI, 6/11/06, pp.3－4)

教师反思对话教学的方式很多。他们可以录下课堂内容后自己听，也可以在课上录像后找一个具有批判精神的朋友一起观看。下面的问题可以成为他们分析和反思的出发点。如果录音和录像都行不通，这名诤友可以观察课堂、记下笔记、在课后开展反思和对话。[①] 诤友(或一个教师学习小组)至关重要，因为独自反思非常困难：

独自反思的问题在于：个体更倾向于回避引起不适的变化，因此个人能够发现的问题、能够收集和接收的信息都是有限的。(Day, 1999, p.226)

我们发现，为了克服反思中的"槛"，支持必不可少。如果教师想通过提高对话教学技巧以更好地实施批判性素养教学，我们会鼓励他们找一个诤友或组建一个学习小组：

这个小组让我给予信任和尊重、获得尊重、感受到自身价值。作为一名教师，我可以冒险、可以犯错……可以从错误中学习，冒险可以让我跳……跳到另一个地方，跳到新的地方。(EI, 25/11/05, p.6)

我们认为下列问题可以在合作性反思环节提供宝贵的提示。教师们可以问自己，我有没有：

1. 鼓励和发展多元视角而非一致性的解释？
2. 认为学生可以为对话带来重要的理解和贡献？
3. 认为学生的问题是对话重要的出发点？

---

① 见第六章关于如何通过与学生协商反思教学实践的讨论。

4. 试着在显性教学和由学生引导的对话中找到某种平衡？

5. 鼓励和明确引导学生使用一些策略，比如补充其他学生的观点（摄入）？

6. 给予等待时间增强学生的理解、让他们参与对话？

7. 强调使用没有事先规定答案的真实教师问题？

8. 重新定位自身角色，把自己变成一个非专家式的真实对话参与者？

虽然教师不太可能在每一节课之后逐个复盘每个问题，但它们可以作为有效的反思起点。

反思时刻

- 你会从哪里开始反思？为什么？
- 你怎么建立一个教师学习小组？

小结

在一次研究团队工作日会议上，一名教师谈到了她在批判性素养课堂上开展公开对话时的挫败感："我觉得我不知道该怎么办。"（RTWD, 5/08/05, p.1）本章我们讨论了对话在批判性素养教学中的作用。这种探讨伴随着我们对生产性权力的明确探讨，伴随着我们对不加批判地使用"真实"等词的警惕。

我们已经明确了目标：鼓励和发展多元视角，而非促成一致性的理解。因为多元视角是批判性素养重要的组成部分，因此对话教学也应成为批判性素养教学的关键环节。我们认为建立对话的前提是：教师肯定学生在对话中的理解和贡献的重要性，将他们视为关键的对话起点。除此之外，我们还探讨了等待时间对于对话延续的重要性。

我们同样关注显性教学、真实提问和教师重新定位的作用。我们视师生互动为一种受规训的即兴创作（Sawyer, 2004），即真实对话在结构性的参数限制中无法预测、自由流淌。在反思批判性素养教育时，如果我们更加关注真实提问和教师地位重新定位，我们可以在教师引导和学生引导的对话中取得平衡。在本章结尾部分，我们研究了合作性分析，认为它可以审视教师实践的细节，发现鼓励对话的方法，提高教师的反思能力。切记：若想改变根深蒂固的习惯，"教师需要花费大量心力"（Culican, 2007, p.23）。但所有文献都在告诉我们这些心力付出是绝对值得的。

拓展阅读书目

Cazden, C.B. (2001). Classroom discourse: *The language of teaching and learning* (2nd ed.). Portsmouth, UK: Heinemann Educational Books.

Johnston, P. H. (2004). *Choice words: How our language affects children's learning*. Portland, ME: Stenhouse.

Nystrand, M. (1997). *Opening dialogue: Understanding the dynamics of language and learning in the English classroom*. New York, NY: Teachers College Press.

第四章　现实考量:它会是什么样的?

引言

在本章,我们会深入探索展开一节批判性素养课的具体细节。与之前关于理论和对话的探讨一样,我们依然会提供一个模板和一些教学实例,但不会提供让你立马上手实践的课程或教学单元。要记住:“抽象概括任何全国性/地区性和文化性的语境并用于另一情境的教育方法是危险的”(Luke, 2000, p.499)。我们鼓励你反思本章探讨的关键概念,用适合学生和你自身情境的文本和问题去开展教学、实现你的目标。

在本章小节中我们会一起讨论批判性素养研究团队认定的一节批判性素养课的关键要素:

- 课堂结构/计划
- 文本选择/重返文本
- 提问
- 元语言的直接教学
- 教师角色
- 学生角色
- 在课程中定位批判性素养

注意:本章小节的顺序并不一定与你准备批判性素养课时的顺序一致。事实上,你可能会从你感兴趣的课程领域开始思考如何实施批判性素养课程。有时你可能想向学生介绍一些特定的概念,并因此选择某个特定文本,等等。当然,也有可能正好反过来:你想和全班一起分析学生提到的有趣的文本。我在这里想说的是,并不存在准备一节批判性素养课唯一正确的方式。但在备课结束之时,你可能会发现你已然顾及到了本章讨论的所有方面。

课堂结构/计划

通过拆解由批判性素养研究团队开发的通用课堂计划模板（见图6），本小节概括了课堂计划的整个流程。如果你以该模板为基础规划课程，首先你得选择学生分析的文本。我们会在文本选择及在课程大纲中定位批判性素养这两小节里进一步讨论文本选择时需要考虑哪些方面。如果你计划的是一节导读课，你会寻找符合学生阅读水平的文本。如果你想在另一课程领域实施批判性素养，你要搜索的文本应当符合你的探究重点或研究主题。如果你打算为学生的文本阅读搭建支架，或为阅读分享课寻找文本（Ministry of Education, 2003），学生的阅读水平就不那么重要了。例如，维基百科条目已成为学生常用的信息来源，但教师可能首先需要对这些条目的语言进行支架教学，然后再鼓励学生进行分析。

文本（标题、水平、类型、来源）：
文本选择原则：
和批判性素养提纲的联系：
开启学生对话的问题：
元语言：
对话技巧：
反馈（针对单个学生或全体学生，口头的或书面的）：
教学反思：

图6　批判性素养课堂计划模板

选择文本的一环是明确文本选择的原则。为什么选择这个文本而非其他？它和你的教学活动或学习单元有什么关系？也许在分析过不少书面文本后，这次你想让学生分析一个视觉文本。明确的原则让你能够记录不同的文本和你提供给学生的分析机会。批判性素养实践的一个重要部分就是认识到学生日常生活中存在广泛的文本，因此你也可能让学生来选择某些教学文本。

选定批判性分析的文本后，你可以选择批判性素养提纲的某个方面作为你的关注点。文本会自然引发对作者身份的思考吗？

- 人们选择包含哪些人和/或哪些事，因此，
- 有些事和/或人会被排除在外，而且，
- 事和/或人的再现方式也是被选择的。

或者，文本会自然引发对读者身份的关注吗？

- 所有读者都把不同的知识和经验带到文本中。
- 读者以不同的方式理解文本。

每一堂批判性素养课应该以“那又怎样”的思考结尾。

- 我们的分析意味着什么？
- 关于这个文本，我们学到了什么？
- 关于这个作者，我们学到了什么？
- 关于该文本如何影响我们的思考及（可能的）行为，我们学到了什么？

你从提纲中挑出的课堂重点会转而帮助你选择你想使用的问题。

接下来你需要规划问题。正如前文所言，你想把问题和你关注的提纲的某个方面（如“再现”）联系起来。我们以一则倩碧广告为例（见图 7）。如果你对作者的性别建构和再现感兴趣，你可能会让学生思考如下问题：

- 文本中的年轻男性是如何被建构的？
- 文本中的年轻女性是如何被建构的？
- 这些再现如何影响你对男性气质和女性气质的认知？
- 还有什么其他建构倩碧男士快乐香水广告的方式吗？

用于开展对话的问题选择完毕后，你需要决定要直接教授或强化哪些元语言术语（可能的术语表见附录 B）。你选择的问题和你关注的提纲的特定方面会自然决定你选择哪些元语言。就倩碧广告而言，你选择的元语言术语可能包括再现、建构和刻板印象。

课堂结构或课堂计划的下一步，是选择你想在课堂上直接教授或强化的对话技巧。在第三章中，你可能想教导你的学生使用“摄入”，即让他们认可其他学生的贡献

图7　倩碧广告

并补充观点。比如说,“我同意米尔关于污染的观点。我觉得我们要更留心自己的碳足迹”。或者“我不同意凯文的话。我觉得《杀死一只知更鸟》(*To Kill a Mockingbird*)里的汤姆·罗宾逊这个角色并非刻板印象,因为他同情玛耶拉”。你可能想要融入课堂的其他对话技巧,包括:

- 轮流发言(或不中断发言);
- 支持你的观点;
- 仔细倾听;
- 评判观点,对事不对人(Mercer & Littleton, 2007)。

虽然这并非一个标准“教学配方”,但教师的角色在支持和延续学生对话中至关重要。

在课中或课后,你会向学生反馈他们在课堂重点上做得怎么样(我们会在第五章进一步讨论测评的作用)。比如说,学生是否很难做到多元解读?你的反馈会影响你的反思(如下)和下一节课。

一节课结束后，你会反思整节课（包括对话的质量）：

- 进行得怎么样？
- 你的角色对于对话的开展和质量有何影响？
- 哪些起作用了？
- 哪些没有？
- 哪些学生参与了？
- 哪些学生没有参与？
- 下次你会做哪些改变？

在这一小节，我们讨论了课堂计划模板上列出的所有要素。我们鼓励大家起草一个课堂计划，然后和一个同事一起对其进行探讨。我们也鼓励大家根据需要调整模板以适应你的个人情境。

反思时刻：

- 关于课堂结构/计划，还有什么问题？
- 你可以向哪些同事寻求帮助？

文本选择/重访文本[①]

在批判性素养文献和本书中，文本的概念相当宽泛（例如 Stevens & Bean, 2007），它可以是书面的、口头的、电子的、视觉的、鲜活的或移动的。如果将文本视为“个体按社会准则和规范与他人交流的载体”（Robinson & Robinson, 2003, p. 3），则几乎任何事物都可被视为文本，包括课堂中传统的打印文本、文化文本如马拉埃[②]、多模态文本

① 译者注：此处原文为 Text Selection/revising texts，根据上下文，此处 revising 应系原著印刷错误，应为 revisiting.

② 毛利人的集会地。

如网站、移动文本如电影或鲜活载体性文本如时尚风格或身体语言。当然，你的文本选择主要取决于你关注课程的哪个方面。以这种方式宽泛地理解文本可以极大地扩展我们能在课程中定位到的批判性素养教学。①

很多教师觉得为批判性素养课程选择文本是一个极大的挑战。最开始的时候，我们搜索了极端性别主义、种族主义等主题和文本等（见图 8）。那时我们的想法是：这些主题可作为鲜明的切入点，让教师引出包含诸如再现、包含、排斥等主题的问题。但事实是，这些年里出版标准翻天覆地，大多数教师已经很难找到可明显呈现上述话语的文本。我之所以囊括这些主题，是因为有些教师会在选择批判性素养课程文本时，将它们作为一个有用的出发点，但教师完全无须囿于这些主题。

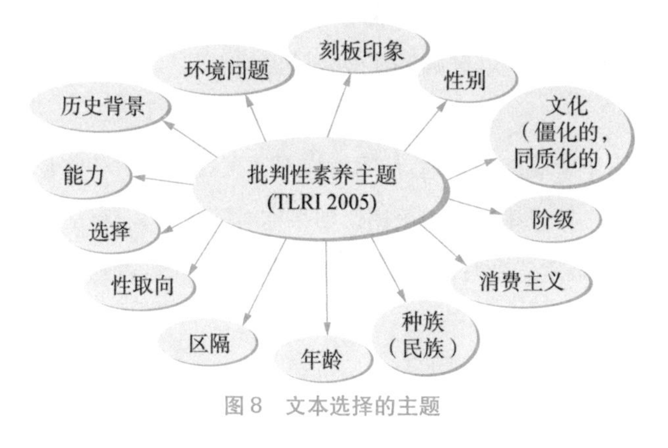

图 8　文本选择的主题

我们对批判性素养的理解不断加深并创造出批判性素养提纲后，在选择文本时这些主题的重要性就降低了，教师也发现他们在课堂上有了更广泛的文本选择。正如研究团队在一次工作日会议中谈到的那样：

研究者：最后一个问题：你认为了解[批判性素养]定义有没有帮你拓宽可使用的文本范围？有没有更多的文本[变得合适]？

① 我们在本章最后一小节会再次探讨在课程中定位批判性素养的问题。

教师:嗯,我觉得对于任何文本都可以应用那个定义……唔,我就是我,我……我觉得……我在绞尽脑汁要找一本[有批判性素养主题的]书,但我觉得这个定义给了你[需要的焦点]。(RTWD, 14/10/05, p.13)

换言之,我们发现:一旦用提纲明确教学重点,任何文本都可用于批判性素养课堂之中。比如说,有些人可能觉得布洛芬药盒背面的文字是一个中性文本。但我们也可以像处理任意文本一般,把它放到批判性素养的放大镜下:

产品目标

为了缓解与下述疾病有关的疼痛与不适:偏头痛、头痛、背痛、风湿性疼痛和肌肉疼痛、感冒和流感症状、牙痛和痛经及神经痛。

警告

本产品仅用于暂缓轻微不适,使用时应严遵医嘱。无医学监督时长期或过量服用会造成损害。胃溃疡时禁止服用。如果你对阿司匹林、布洛芬或其他抗炎药物过敏,或在怀孕最后三个月内,不要服用。除非有医嘱,否则在如下情况下禁止服用本药物:

- 几天内连续服用;
- 当服用其他含阿司匹林或其他抗炎药物或定期服用其他药物时;
- 哮喘;
- 6 岁及以下的孩子,65 岁及以上的老人;
- 怀孕。

图 9　布洛芬警告

我们可以问这些问题:

- 读者需要什么知识才能理解文本?
- 文本有哪些可能的解读方式?

- 文本希望我们怎么解读?你是怎么知道的?
- 哪些读者被文本排除在外?为什么?

在整个研究项目进程中,教师愿意探究的文本类型得到了极大的丰富。他们提出各种各样的奇思妙想,以多样化的方式使用文本。方法之一是给学生准备低水平文本,让他们在没有文本阅读障碍的前提下参与理解和讨论。例如,让八年级学生用青少年读物探讨性别和家庭刻板印象(Chifney, 2005)。因为阅读难度不大,学生得以自由地参与文本分析之中。

在批判性文本研究项目中,尤其在其中的导读课上,教师会重返文本,即为另一目标重回学生已读过的文本。一般情况下,教师会在每次导读课上更换文本,但其实更换文本并非硬性要求:"因此,导读帮读者克服首次见到文本时(**经常**)遭遇的文本挑战,让他们获得至关重要的信心累积"(Thompson, 2002, p.5)。但是大家对换文本已司空见惯,学生和家长反而会对重访文本的教师表达不满。

随着项目推进,研究团队发现,重读文本是在导读课中提出批判性素养问题最有效的方式。因此教师可以先用文本给学生上所谓的"传统"导读课(Thompson, 2002; 2005),等下一次再和同一组学生碰面时,学生可以快速回顾文本后探讨批判性素养问题。虽然这只是导读课结构上的一个小小转变,但依然有学生会提出抗议:"老师,我们到底还要不要读一本书?"(GRL, Year 3,15/6/05, p.12)在那节课上,"我们到底还要不要读一本书"被同一个学生问了四次。这个学生的意见可能反映了他们对导读课的某种期待,即每次学生碰面时都应该阅读一个新文本而非参与批判性对话。

另一种方式是并置文本。教师认为并置同一话题的不同文本以凸显和探索区别是一种极其有效的方式。例如,有一个教师让学生分析绿色和平和日本捕鲸协会的网站,提醒他们关注再现和包含:"文本中捕鱼是如何被再现的"和"文本缺失了什么"。

在一个中学教室(12年级)里,通过并置再现同一时期非裔美国人学校和白人学校(Lesson, 3/4/07)的照片,师生们探讨了美国南方的种族隔离历史,以便更好地学习《杀死一只知更鸟》(Lee, 1960)。图10和图11呈现了20世纪20年代至30年代弗吉尼亚州哈利法克斯县的同一地区。这一课的重点在于增加学生对《杀死一只知更鸟》小说历史时期的知识。通过并置视觉性历史文本,学生能够思考美国南方种族隔离这一特定历史背景对作者的影响。《吉姆·克劳法案》(*Jim Crow laws*),奴隶制和隔离学校……这些话题知识有助于学生对《杀死一只知更鸟》进行多元解读。

图10　哈利法克斯县的非裔美国人学校

图11　哈利法克斯县的白人学校

教师也会使用所谓的“社区文本”，即我们身边随处可见的文本，如广告牌、传单、垃圾邮件、麦片盒，等等。图 12 是我经常在批判性素养研讨会上用到的营养谷物盒。盒子正面写着“钢铁侠食物”；它看起来像一个铁盒子，连铆钉造型都有。我出生于加州，对橄榄球及其衍生——橄榄球联盟——所知甚少，所以在研讨会上会问出如“读者需要什么知识来理解文本”这类问题逗得在场各位发笑。针对这一文本，其他有用的问题包括“文本中的男人是如何被建构的”“文本呈现了什么样的世界观”和“文本有没有其他书写方式”。①

图 12　营养谷物盒子

① 我们会在下一小节进一步研究提问。

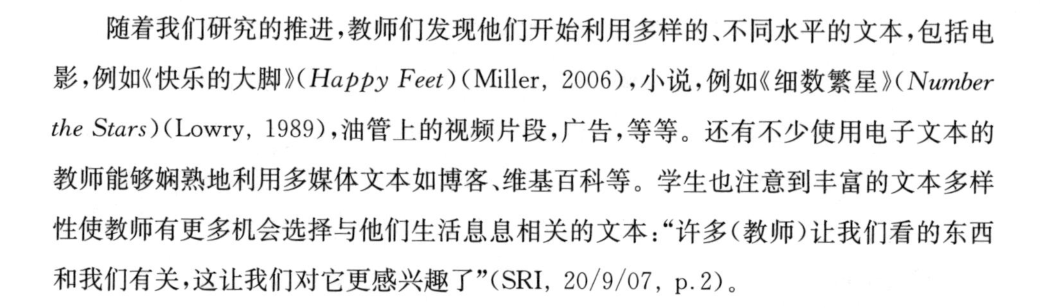

随着我们研究的推进，教师们发现他们开始利用多样的、不同水平的文本，包括电影，例如《快乐的大脚》(*Happy Feet*)(Miller, 2006)，小说，例如《细数繁星》(*Number the Stars*)(Lowry, 1989)，油管上的视频片段，广告，等等。还有不少使用电子文本的教师能够娴熟地利用多媒体文本如博客、维基百科等。学生也注意到丰富的文本多样性使教师有更多机会选择与他们生活息息相关的文本："许多(教师)让我们看的东西和我们有关，这让我们对它更感兴趣了"(SRI, 20/9/07, p.2)。

反思时刻

- 你可能会用什么文本？为什么？
- 你可能会使用哪种类型的文本(口头的、书面的、视觉的、电子的)？为什么？
- 你会用批判性素养眼光重访哪些熟悉的文本？为什么？
- 如何确保你能鼓励学生批判性地分析广泛多样的文本？

提问

正如我们在第三章谈过的，提问和随之而来的对话是批判性素养的关键教学工具。[①] 批判性素养文献经常探讨提问和应该问何种问题(例如 Brown, 1997; Knobel & Healy, 1998; McLaughlin & DeVoogd, 2004b)。教师经常就文本提问学生的这类问题和批判性素养问题之间的关键性区别在于后者关注权力和权力如何影响我们的思维和行为。[②] 我们以一个很短的文本为例。图 13 是一首发表在校报上题为《我的妈妈》(*My mum*)(Walker, 1998)的诗，作者是一名小学生。

阅读理解课和批判性素养课都涉及文本的阅读和重读，之后是提问—回答环

① 如果距你读完第三章已经过了一段时间，或你还没开始阅读第三章，(重)读这一小节会对你有帮助。

② 附录 A 中的问题列表可在调整后应用于你的学生和文本。

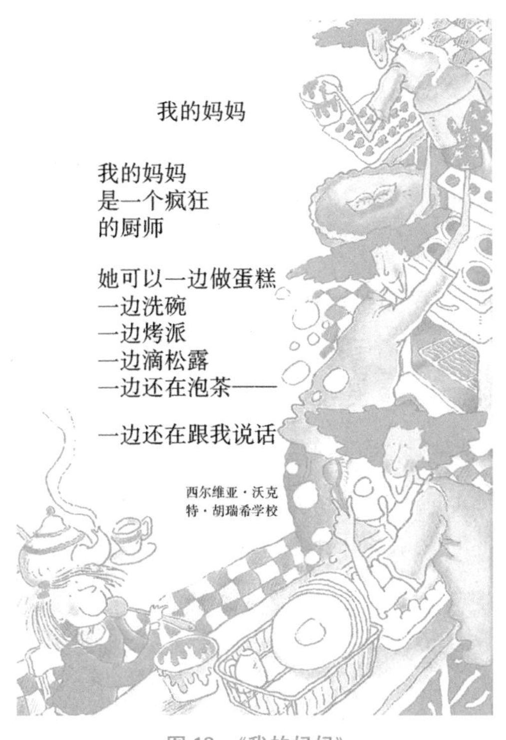

图 13 《我的妈妈》

节，最后是由学生写一首关于妈妈的诗。但这两种课的区别是我想称之为“关键信息”的东西（表 3 对比了阅读理解课和批判性素养课上会提出的问题）。在阅读理解课上，学生会针对诗歌中刻画的母亲形象进行事实性的讨论（谁，什么，怎么样，为什么），但不会考虑文本中未再现的母亲形象及这种不再现会如何排除一部分读者。但一堂批判性素养课会明确地涉及到再现和包含的问题，关注发表一首诗赞美厨艺高超的妈妈的权力，关注这对一些读者意味着什么，他们的妈妈或者对烹饪毫无兴趣，或者无暇进行烹饪。批判性素养课程引导学生超越作者的视角，考虑文本如何塑造我们的思想、感受和行为，同时思考在我们和文本的关系中文本如何赋予我们能动性。

表3　阅读理解课问题 vs. 批判性素养问题

阅读理解课问题	批判性素养问题
这首诗讲了什么？你怎么知道的？	妈妈在文本中是如何被建构的？
妈妈做了什么？	文本排除了什么？为什么？
	为什么它很重要？（那又怎么样？）

我们举批判性素养研究中的一个例子:学生读了一首诗《安迪叔叔的背心》(*Uncle Andy's Singlet*)(Cowley, 2003)(见图14)后,教师想让学生关注诗歌的书面和视觉文本是如何被建构起来的(Anstey & Bull, 2000)。在第一个案例里,学生只阅读诗歌文本,再比较文本和插画家对安迪叔叔的再现。为了鼓励讨论,教师让学生思考这个问题:"你们觉得插画家笔下的安迪叔叔为什么这么胖、为什么面带笑容?"(GRL, Year 6,21/6/05, p.7)这个问题引导学生考虑再现问题,或者说考虑插画家和作者是如何在书面文本和视觉文本中构建安迪叔叔这个人物的。

这个案例说明了文本并非中立;它可以把人物刻画成某种刻板印象。它也说明了书面语言和视觉语言可采用不同的话语。当然,教师还可以问其他批判性素养问题以鼓励学生对文本进行批判性分析。比如:

- 书面和视觉文本公平吗?为什么?
- 文本中缺失了哪些东西?
- 哪些东西本应被包含在文本中却没有?
- 有哪些其他插画描绘方式使它依然和诗歌内容相关联并产生意义?

在批判性素养项目的另一节课上,教师和学生比较了《照顾祖父》(*Looking after grandpa*)(Brooker, 1995)、《超大惊喜》(*The ultra-mega-awesome surprise*)(Bartlett, 1996)和《柔伊拜访丫丫》(Zoe visits Yiayia)(Viatos, 1997)对老年人的不同再现方式。她问学生:"对年迈的祖父,这名作者暗示了什么?"和"变老是不是都是这样的?"学生可对比故事里再现的和他们认识的老年人形象。教师在总结这节课的时候说:

安迪叔叔的背心
作者：乔伊·考利
安迪叔叔买了这件背心，
在一家军队剩余物资店。
这是他穿过的
唯一一件上衣。
冬天的时候它给他温暖，
夏季炎热中给他凉爽，
一件长长的背心，
长到可以擦干他的泥脚
“哦，我要歌颂这件背心，”
安迪叔叔叫道。
“一件好的旧棉背心
用起来总是很方便。”
30
背心可以充当一个口袋，
当他放新下的鸡蛋
或花园里摘的蔬菜
或新宰的羊腿时。
有一次它把一扇门栓住，
当安迪没有铁丝的时候。
它裹在一根漏水的管子上，
它还扑灭过一场小火灾。
“哦，我要歌颂这件背心，”
安迪叔叔叫道。
“一件好的旧棉背心
用起来总是很方便。”
当安迪出门钓鱼，
他把它脱下来，
在一头打上一个结，
就这么做了一个鲱鱼袋。
31
在家里他煎了一锅
小小的银鱼，
然后他用这件背心
擦干了他的早餐盘。
“哦，我要歌颂这件背心，”
安迪叔叔叫道。
“它只有一个小毛病
会引得苍蝇乱飞。”
illustrations by Philip Webb

图 14　《安迪叔叔的背心》

所以我们，我们用了三天时间读了三篇不同的日志，每篇日志里都有生病的人、年长的人、疲惫不堪的人。但我们分享的结果是：事情不一定非得这样。所以[在这些故事里]有……记忆衰退的老年人……但我们知道[变老]事情并不一定非得这样。(GRL, Year 3/4, 15/9/05, p.5)

在这节课结束之时，教师请观摩课程的研究者们向全班发表评论。一名研究者补充道：

这[和这节课]有联系，因为你们所有[学生]当然都知道一些关于老年人的事情，但作者却选择不把它们写进故事里。(GRL, Year 3/4, 15/9/05, p.5)

因此研究者利用这一机会提醒学生：他们有足够的知识和经验以不同的方式理解这个故事、质疑文本对祖父形象的建构。这些被选出来的问题再一次鼓励学生批判性地思考文本和某些特定人群被再现的方式。

在第三章我们探讨了“真实”问题。你可能还记得真实问题是没有事先规定好正确答案的。根据你的提问目的，你可能希望就任何文本都至少提出一个真实问题。它能有效地引导多元解读、鼓励学生把自己的知识和经验带到文本中。

我们建议你选两到三个问题来鼓励学生讨论某一特定文本；但依据讨论进展，你也得做好减少问题数量的准备。教师可以记着“少即是多”原则并鼓励学生深入讨论，以更灵活的方式创造讨论空间。这些文本问题往往与教师希望探讨的提纲的某一方面相关(见图4)。塔斯玛尼亚教育部的批判性素养网站(Department of Education Tasmania, 2009)提供了极为宝贵的资源，帮助我们思考该问哪些批判性素养问题。一般性问题会被归入如“空隙和缄默”和“人物建构”的主题之下，并可在修改后被调整为适合大多数文本的问题。批判性素养研究团队发现这些问题经过调整后可适用于绝大多数年龄段和文本。

你应该还记得第三章讨论过的等待时间。不要忘记给学生充分的时间去思考和回应。尽力避免“对话心脏复苏术”(Palmer, 1998)。我上课时会经常喝水;这个小动作让我慢下来,给学生思考的时间。你可以在心底数数或用其他小技巧让自己多等个三到五秒(Tobin, 1987)。

你可能希望尝试另一个提问技巧:让学生选择或建构问题。我们把塔斯玛尼亚教育部(Department of Education Tasmania, 2009)提供的模板[①]打印出来,压塑后做成了不同颜色的卡片。不同组别的问题——如文本目的或人物建构——都有不同的颜色。接下来,学生从桌上的卡片中选择一个适合文本的问题。他们无需回答问题,但他们得解释为什么选择这个问题,以及为什么这个问题适用于正在探讨的文本。[②]

最后,针对提问,批判性素养研究团队的倡议是:如果教师想告诉学生他/她在寻找多元解读而非唯一正确的答案,对学生的回答最好给予中立的回应。在研究团队工作日会议上观看完自己的导读课录像后,一名教师表示她在回应学生评论时尝试尽可能做到中立。她在刚刚上课时就向阅读小组的学生申明她只会用“谢谢”或者“好的”来回应,因为她感兴趣的是听到不同的答案。在会议上教师说:

教师 A:想到教师,再想到作为教师持有的立场,你到底是在引导还是任由它们……

教师 B:还有你的回应,你知道的,当你在回应时表现出愉快或者其他被孩子捕捉到……的情绪,它就成了一种暗示,暗示这是你希望他们遵循的路子……

教师 A:引导,引导……[向一个正确的答案]

教师 B:你很好,很中立,你知道的,你并没有过于肯定某个人……

(RTWD, 4/5/06, p.30)

---

① 打印材料,参见项目官网。

② 更多由学生引导的讨论的例子见“阅读圈子”(参见第 86 页)。

这一片段显示批判性素养研究团队已经非常清楚教师在引导学生得出“正确”答案时可能手握大权。但如果在一节课中教师感兴趣的是引导学生给出尽可能多样的答案,正向反馈反而会让有些孩子在回答问题时小心翼翼、唯恐出错。当然你肯定要在两者间取得某种平衡,因为有时候你也想在反馈时提出试探性或质疑性的问题,刺激学生进行更多的思考。中立回答的危险,恰在于它可能会让学生的回答缺乏深度。

倒不是说你向学生提问后不该自己回答这个问题。可能根据你的课堂目标和特定文本,你希望采取某种立场或强调某种解读方式。研究团队已经不止一次注意到学生“不知道他们不知道什么”。此时教师的职责就是明确指出学生未识别出的解读方式、拓展他们多元解读的意识。这一行为可能会发生在一节课结束之时,由教师分享自己的解读方式来对学生识别出的解读方式进行补充。

不过,在第三章我们已经谈到过,此时你得小心谨慎,否则学生可能会将你的解读视为“正确”的解读。

反思时刻

- 你会问哪些问题?为什么?
- 你如何确保自己问多样化的问题?

元语言的直接教学

在研究项目进展中,批判性素养研究团队逐渐意识到直接示范和教授元语言——用来探讨被分析的语言的特定批判性素养语言和术语——极其重要,因为学生似乎很难自然而然地在批判性素养课上获得这些知识。在某个研究团队工作日会议上,一名教师说:“我们对着孩子反着来了一遍,结果不太理想。”(RTWD, 5/8/05, p.23)他指的是我们之前为了引入某些文本解读中的再现或刻板印象话题,向学生提出了一些隐晦的问题。在会议刚开始的时候,这名教师就讲述了她用社区文本①上完一节批判性素养课后心底的挫败感和隐忧。

> 我会[站出来]说我觉得不太顺利。我真的,我非常担心……我上周用小的社区文本上了一整节课……我是说孩子们很享受,他们看了所有的提纲……他们坐在那里,享受观看那些广告、玩具还有其他东西,我们也做了讨论,但是我的整体感觉是,你知道,到底这是不是由消费主义引起的,你知道的[笑,大家都在说话]。我就是不知道如何利用这些资源让孩子进行批判性思考。我觉得我不知道应该怎么做。(RTWD, 5/8/05, p.1)

如果没有与文本分析相关的特定语言,教师很难帮学生看穿文本的表面特征。在反思和探讨后,研究团队认识到直接的、显性的教学动作是必要的。它们给学生提供开展讨论可用的语言,帮他们理解一些批判性素养概念。

提纲(见图 4)囊括了任何一节课可能的重点。② 根据一堂课的重点,教师需要明确地教授一些术语如偏见、刻板印象、包含、排斥、再现等。③ 例如,在一节五、六年级学生的课上(学生年龄 9 到 10 岁),教师和学生进行了文本侦探活动。他们读遍了 20 世纪 60 年代和 70 年代早期的《校报》(*School Journals*)④来分析对毛利人的再现。学生在课上展示他们的发现时,教师指向了提纲中提到的几个方面:"有些被排除的事和/或人"和"关于如何再现事和/或人的选择"。为了进一步探索这些教学重点,教师非常明确地解释了"刻板印象"这一术语。

> 教师:好的,我们已经简要讨论了刻板印象。你们还有人记得吗? 能告诉我们它

---

① 指学生在课堂外接触到的文本,如麦片盒子、垃圾邮件、电视广告等。

② 进一步讨论见"课堂结构/计划"。

③ 可能有用的元语言见附录 B。

④ 更多信息见 http://www.learningmedia.co.nz/our-work/portfolio/school-journal。

> 是什么意思吗？我之前用了一个教师应该是什么样的例子，不是吗？
>
> 学生：是的。
>
> 教师：一个关于教师的刻板印象可能是什么？
>
> 学生：唔，脾气很差的。
>
> 教师：小心你说出的话。不过，是的，脾气差的。
>
> 学生：老？
>
> 学生：提一根大棍子。
>
> 教师：真有意思，20多年前我们就不能打孩子了，但它还是教师刻板印象的一部分，不是吗？好的，你在这些故事和文章中有没有发现什么刻板印象？
>
> (GRL, Year 5/6, 15/9/05, p.5)

并非所有学生都熟悉刻板印象这个术语，但当教师要求他们分享一些关于教师的刻板印象时，他们却能很快想出不少。一旦学生熟悉了批判性素养的一些元语言，他们就可以讨论提纲中的“那又怎样？”部分。在下一个片段里学生已经可以讨论校报对毛利人刻板印象式的再现会产生怎样的影响了。

> 教师：好的，我们已经简要谈论过刻板印象了。你们还有人记得吗？能告诉我它是什么意思吗？因为它确实是一个很难的概念。
>
> 学生：唔，这意味着，比如说有些毛利人的再现，懒，整天晒太阳，等等，可能会给其他人，给他们一种毛利人就是这样的印象。
>
> (GRL, Year 5/6, 15/9/05, p.5)

虽然提纲中没有大量的元语言，但我们发现为了详解提纲中的每一个点，教师确实需要引入并直接教授元语言。有些教师会在教室的墙上弄一个词汇库，和学生一起随元语言量增加不断补充这个词汇库。

在另一个案例中，教师针对刻板印象上了一节截然不同的课。她首先发起关于祖母的讨论、让学生进行头脑风暴、收集和祖母有关的想法（见图15）。然后她让学生思考这些想法是否适用于所有的祖母、鼓励他们返回自身知识经验、质疑头脑风暴中对祖母形象的再现。最后大家得出的结论是：他们想出的观点和形象都是刻板印象式的，无法概括所有的祖母形象。之后的一节课上，教师就可以根据他们制作的刻板印象海报开展一堂批判性素养课。在课上，学生们一起审视了一篇刻板描述书呆子形象的文本。如此一来，他们学会了必要的元语言来批判性地分析他们在文本中找到的对书呆子的刻板印象再现。

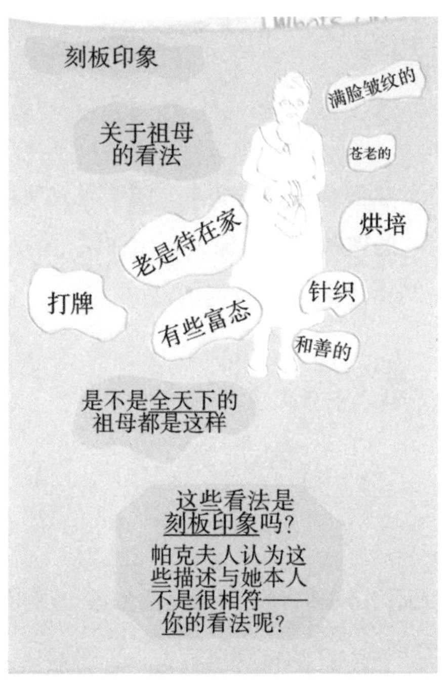

图15　刻板印象海报
摄影：雷·帕克

后一个案例中的教师发现：先发放提纲的复印件给学生，让他们放进文件夹，然后直接教授批判性素养元语言，可以让学生更轻松深入地理解批判性素养。这些术语在随后的课程中还会得到进一步拓展。而且,她的指导强化了学生对元语言的理解和使用。当然这需要教师经常性地拆解和详述提纲与批判性素养相关的元语言。

我们发现,我们直接教授与批判性素养相关的元语言越多,学生对批判性素养的理解就越深入。比如说,在如下的刺激回忆访谈中:

研究者:所以你觉得今天[教师的]课的重点是什么?
学生:关注建构者。
研究者:建构者是谁。
学生:就是创造它的人。
(SRI, Year 9,21/5/07, p.1)

在访谈中,研究者让学生解释什么是文本。随着研究项目的推进,教师愈发重视对元语言的解释,学生对它的理解也逐渐深入。比如说,在我们重视直接教授元语言前,学生对"什么是文本?"的回答往往是这样的:

学生:就像……一个段落或一篇文章。
学生:人们说的东西。
(SRI, Year 9,21/5/07, p.1)

随着教师愈发关注元语言,学生对这一问题的回答也变得更宽泛多样。

研究者:什么是文本?
学生1:一种交流方式。
学生2:和他人交流观点。
(SRI, Year 6/7,30/3/07, p.4)

我们可以比较一下直接教授与批判性素养相关的元语言和直接教授阅读策略的阅读理解研究(Duke & Pearson, 2002; Pardo, 2004; Pressley & Block, 2002)。没有直接教学，我们认为学生不太可能自动发展出讨论阅读理解或批判性素养的语言。芭芭拉·柯本(Comber, 2001b)也建议直接教授和批判性素养有关的元语言，她说：

> 教师的任务在于帮助孩子发展"他们可以做什么"的元意识和元语言，并帮助他们将这些资源应用于文本和学校生活情境中。(p. 171)

也就是说，学生需要一定的支持才能发展出讨论文本权力的语言。

反思时刻

- 你会先教授哪个元语言术语？为什么？

教师角色

批判性素养研究团队认为在帮助学生成为文本分析者时，教师的角色至关重要。在我们看来，批判性素养教师的角色包括但不仅限于如下五类职责。首先，教师要创建和维持一个鼓励性的环境，让学生尊重彼此的回答和经验。我们已经在第三章和本章前面的小节里讨论过如何通过对话实现该目标。其次，教师还有责任鼓励学生将文本和他们自身经历联系起来，引导他们更加深切地共情他人。比如，在文本侦探练习中和其他学生一起分析校报对毛利人的再现后，一个学生认为批判性素养：

> 意味着你得思考，像[如果]我有一个毛利朋友，我把这本书给他看……你可能会想这些……去确保他不会感到冒犯。你不会给他看一本完全冒犯到他的书，[如果你这么做了]他可能就不再喜欢你了。(SRI, 19/10/05, p. 11)

通过思考多元文本解读，学生会更多地考虑其他人的感受。

第三，在对文本持质疑立场时，教师要做出示范。和一名或多名同事练习可让他在扮演这一角色时更加得心应手。我们发现研究项目给参与的教师们提供了大量机会去接触广泛的文本。我们经常在会议上探讨如图16中的文本。图16是某些人“标记”过或者说覆盖重写过的图伊广告牌，旨在反驳图伊的“同意权”运动宣传，与新西兰的流行文化和时事话题息息相关。有些人觉得这个广告牌的话题格调不高。这些讨论第一眼看上去有些离题，但它们让我们通过多样性文本发展自身的批判性素养技能。

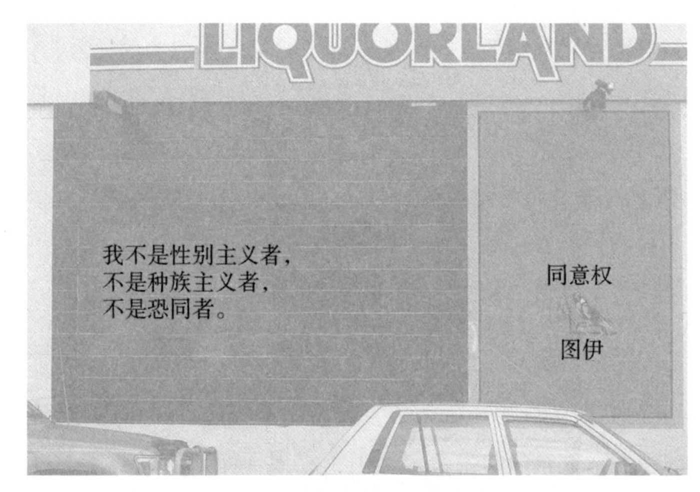

图16　被标记的图伊广告牌
照片由作者拍摄

当我们能愈发纯熟地批判性分析所谓的“成人水平”文本——如广告牌、报纸文章或时事——时，我们也能更自信地鼓励学生做同样的事。在一次出门采访中，一名教师说：

我感觉这种增强的批判性素养意识已经成为我不可分割的一部分，希望我能在我明年的教学方法中将它展现出来。有机会的话它也会成为我教学活动中不可或缺的一部分。(EI, 26/11/07, p.1)

第四,教师要帮助学生探索文本的多元诠释和解读,而非寻找某种“正确”的解读。第五,通过支持学生发展批判性素养的元语言——用来讨论批判性素养的语言,师生共同构建理解。

有些批判性素养的支持者可能会觉得批判性素养教师的职责描述过于“清洁化”或非政治化。这是什么意思呢?例如,卡罗尔·艾德尔斯基和梅洛迪斯·柴兰德(Carole Edelsky & Meredith Cherland, 2006)认为批判性素养应被用于“自觉带激进目的的教学”中(p. 17)。这是不是说只有愿意抗议的学生才需要应用批判性素养?我并不这么认为。我相信批判性素养教学应有足够的空间允许不同文本分析方式的存在,支持学生以多种途径应用批判性素养。①

但是,如果明确规定批判性素养教师的课堂行为,我们确实有可能创造出如温蒂·摩根(Morgan, 1997)所说的“噩梦……即当批判性素养成为一种教育正统时,它可能会退化成限制性理念或典型‘技能’或‘行为’的清单”(p. 166)。所以作者要怎么办呢?在《思维的种子》一书中,我向读者呈现了批判性素养的不同理论和实践,并穿插了大量的例子和警示。读者可按自身需求进行选择、调整和重新设计以符合你的具体情境。

鼓励你发展适应自身情境的批判性素养看起来很美好,但它并未解决艾德尔斯基和柴兰德(Edelsky & Cherland, 2006)关于“真正”的批判性素养的政治属性问题。这时候“教育是一种政治行为”(Freire, 1998, p. 63),这句话很关键。对于我和很多教育领域的人来说,这句话究竟是什么意思呢?“政治性的”本身就有大量不同的定义,但在此情此景中最息息相关的是“关注权力”。你应该还记得在本书第二章里,我们认为权力流通于一个关系网络之中。这意味着我们并不将权力视为某些人有而其他人无的东西,而是将它视为如潮汐涨落一般的存在。在某个特定的时刻,你可能较其他人拥有更多权力,但那一刻只是短暂的。

---

① 我们会在第七章详细探讨哪些实践可以被称为批判性素养行动。

回到弗莱雷关于教育是一种政治行为的观点上，我们认为教育关注的是权力。从历史来看也一向如此。我们可以在批判性素养的镜头下审视学校和教育的历史：

- 谁能上学(新西兰白人、毛利人、男孩、女孩、残疾儿童)？
- 向哪些群体提供了哪些课程(学术的或其他的)？
- 谁决定教学大纲？
- 谁设定了测评议程？

这些问题对教师在批判性素养教育中的角色意味着什么呢？如果你承认教育是一种政治行为，你可能会认为有必要阐述你的价值观、信念或教学理念(Smyth, 1992)。这让你可以明确言说任何特定的政治或其他议程。一旦你明确说出你觉得哪些是重要的，你就可以反思你的教学实践，观察你的信念和实践是否合一。这一反思性练习方法可有效地协商"权威性的或促成性的、传递性的或协商性的教学话语"(Morgan, 1997, p.104)。也就是说，根据你的教学理念，什么时候你是一个促成者，什么时候你是全部知识的来源？你会和学生一起协商学习过程吗？你会传递信息吗？我在第三章提过"师生互动本质上总是一次不平等的相遇"(Wallace, 1992, p.214)。但在一节课的特定时刻，我们可以将学生和自身重新定位在促成者或学习者的身份上。这样一来，你无须一直用某种话语凌驾于其他话语之上；你可以在适当的时候选择其中一种话语达成目标。

所以，你的角色是什么？你的立场在哪里？你希望自己政治化到什么程度？一切由你决定。

反思时刻

- 你如何看待自身作为一名批判性素养教师的角色？

学生角色

如果忽视学生在批判性素养中的角色，那么对师生关系的讨论将是不完整的。在批判性素养研究团队看来，学生需要理解在讨论中批判性素养不能简单地等同于批判提出观点的人，并为对话作出贡献。无论对话促成者是教师还是其他学生，这一职责都成立。在这一小节我们会探讨两个可用于批判性素养课程的合作性学习策略。

阅读圈子

阅读圈子又名阅读学习小组或读书会。它发轫于20世纪80年代早期的美国，是由学生领导的小型对话群体。学生要管理他们在阅读圈子里的学习进程：他们要独立阅读自己选择或由教师选择的文本，准备和彼此进行讨论、展开对话。教师的角色此时成了“知识渊博的读者和学习者的导师”(Samway & Whang, 1996, p.15)而非讲台上的圣贤或专家。阅读圈子用开放性问题促进理解和批判性思维。研究显示阅读圈子有诸多好处：例如，增加学生对文本的参与度，提高他们的积极性、阅读理解能力，改善他们的阅读态度(Auger, 2003; Daniels, 2006)。阅读圈子不求“正确”答案；它只是提供一个渠道让师生们“批判性地思考文学、以书面或口头形式表达思想、更加享受他们的学习过程”(Lin, 2004, p.23)。

高效的阅读圈子扎根于合作性学习的基础之上。它们“本质上是将良构型合作性学习应用于阅读中”(Daniels, 2006, p.13)。因此，就像合作性学习一样，阅读圈子也需要教师明确地示范、教授和评估社交技能和讨论技能：

> 由同龄人领导的阅读小组……需要一个极其活跃的教师用微型课和报告的方式持续地培养和训练。教师可以帮助学生强化多种技能，如积极倾听、提出后续问题、友好地表达反对意见、管理“偷懒者”等。(Daniels, 2006, p.13)

随着学生愈发得心应手，他们需要大量机会实践管理阅读圈子的技能。

一个阅读圈子的基本结构如下：

1. 阅读。学生独立阅读需要研究的文本或文本选段，虚构或非虚构皆可。

2. 准备。成功的阅读圈子的关键是让学生准备参与对话。学生可能会分配角色、总结关键事件、做出预测或准备回答问题。有些教师会用阅读回答记录、便利贴或书签来做对话准备。

3. 对话。书面或口头皆可。书面对话可以对话日志形式进行，也可通过来回传递笔记、写信等方式展开。教师既可用传统的口头对话形式，也可以尝试书面对话。

教师可以指定学生参加阅读圈子，学生也可以自己组建阅读圈子。有人认为最佳成员数量是4—8人（Brabham & Villaume, 2000）。小组人数应该让所有成员都有大量机会回答问题，并在引导得当时让他们礼貌且深入地回应彼此的观点。

在对文本进行批判性素养分析时，阅读圈子是一个有效的补充策略：

> 在阅读圈子中学生有机会在文本和个人经验间建立联系、聆听他人多样的诠释、通过探讨和分享监督和掌握学习进程。这一过程深化他们的理解力，强调文本的乐趣。（Lin, 2004, p.24）

研究者和教师们还发现阅读圈子鼓励学生批判性地分析刻板印象和其他社会公正方面的议题（Lin, 2004, p.24）。对文本进行批判性素养分析时，阅读圈子可以帮助学生培养一种"社会想象力"（Rosenblatt, 1970, p.187），让学生把自己代入他人身份中，萌生更深刻的共情并思考文本如何促进社会公平正义。在一个"理想"的阅读圈子里：

> 学生从多种立场和视角进行诠释；他们目的明确、懂得反思；他们会质疑彼此、改变观点，在讨论和手头议题相关的行动时，推进彼此不断思考。（Long & Gove, 2003/2004, p.354）

如此，阅读圈子不但能助力教师在课堂活动中实施批判性素养，而且能创造空间培养学生主导的学习方式。[①]

交互教学

批判性素养教师可实施的另一种合作性学习策略是交互教学。它的主要关注点是帮助学生利用预测、澄清、提问和总结这一阅读理解策略(Palinscar & Brown, 1984; Pilonieta & Medina, 2009; Rosenshine & Meister, 1994)。交互教学的两大关键特征是(1)直接教授并练习四种阅读策略和(2)使用对话学习和练习这些策略(Rosenshine & Meister, 1994)。有些教育工作者用交互教学鼓励学生在对话中独立应用批判性素养(Nussbaum, 2002)。

交互教学在最开始的阶段看起来与合作性教学并不相像。在交互教学之初,教师会示范阅读理解策略的不同要素。当学生能愈发深刻地理解并熟练应用这些要素后,教师的直接参与逐渐减少,学生则承担更为独立的角色(Pilonieta & Medina, 2009)。一个采取交互教学的批判性素养教师更关注针对不同类型文本的批判性问题(一些可能的问题,见附录A)。摩哲(Moje, 2007)认为交互教学创造了空间,促使学生就文本中他们感兴趣的方面提出问题,使得学生的知识和经验与被分析的文本结合得更加紧密。从最终形式上来看,交互教学确实是一种合作性的尝试:

> 一个学生提问,另一个回答,第三个学生对回答做出评价;一个学生总结,另一个学生对总结做出评价或者帮助改善这一总结;一个学生定位一个难懂的单词,另一个学生帮他推断词义并解释为何他做出这样的推断。(Rosenshine & Meister, 1994, p.481)

因此,交互教学策略使用对话鼓励学生独立进行批判性文本分析,对批判性素养也有助益。

---

① 关于对话的进一步讨论见第三章。

交互教学的基本结构如下：

1. 教师与一个小组学生密切合作。师生共同阅读一个文本片段后，教师示范如何提出（在这种情况下）针对文本的批判性问题，如何澄清文本中模糊的部分，如何预测文本后续发展，如何总结刚刚读过的内容。

2. 在教师的帮助下，学生轮流练习这些策略。随着学生愈发熟练，教师对学生提出更高的要求，在更复杂深刻的回答中为学生提供支架。

3. 教师越来越确信学生对此已经得心应手，他/她此时“不再作为一个示范者而更像一个充满同理心的教练”（Rosenshine & Meister, 1994, p.481）。随后教师监督学生，只在有需要时提供偶尔的指导，将交互教学的大部分进程交由学生主导。

当然，这些并非批判性素养课堂项目中教师唯一可用的合作性结构。教师可能也会用到其他结构，如结对子或四角学习法（Wink, 2000）。你当然也可以创造出适合你的学生和文本的新结构（Cohen, 1986）。接下来我们要探讨如何在（已经）挤得水泄不通的课程大纲中实施批判性素养教育。

在课程大纲中定位批判性素养

批判性素养研究团队发现他们可以在任何课程中定位批判性素养。首先它可以被放在导读和阅读分享中。社会研究课也可以应用批判性素养。了解批判性素养的定义并意识到海报可支持任何文本的批判性分析后，教师可以极大地拓宽用来分析的文本的范围和类型。在这一小节我们会讨论阅读分享、导读和其他课程领域的案例。

阅读分享

多·荷达威（Don Holdaway, 1979）在新西兰发明了阅读分析来模仿睡前故事阅读（Parkes, 2000）。乍看上去，阅读分享很简单，不过是教师向学生大声朗读而已。但这一行为却提供了多种机会：让教师展示阅读的权力和乐趣，讨论文本如何运作，教授特定技能、策略和词汇，让学生接触到自己选择范围之外更广泛的文本。对批判性素养教学来说,更重要的是它可以鼓励学生批判性地分析文本(Ministry of Education, 2003)。

一堂阅读分享课一般包括(Ministry of Education, 2003):

- 基于某一个教学重点去**选择**文本——可包括虚构文学、非虚构文学、杂志文章、诗歌、歌曲、报纸文章等。放大文本,确保所有学生都能看得清楚并跟上进度;
- 引导学生注意文本的特定特征(如标题)以**引入**文本,解释为何选择文本,鼓励学生将文本与自身经验联系起来;
- **阅读**文本——教师可能希望鼓励学生参与或做出预测;
- **重读/重访**文本——在随后的文本阅读中,教师可能希望学生能注意到文本的深层或表面特征,或关注书面和视觉文本是如何共同发挥作用的。在重读/重访文本的过程中,教师可鼓励学生利用批判性问题分析文本。

阅读分享常见的形式是由教师示范阅读对学生来说过于艰深的文本。但它可选择的文本范围实际上非常广泛:既可以是有挑战性的文本,也可以是相对容易的文本如广告(Wooldridge, 2001)或社区文本(Luke 等, 2001)。研究项目中的教师发现,在阅读分享时他们可以有效地向学生介绍批判性素养和批判性素养元语言,给学生搭支架,让他们习惯于在批判性素养课上提问(Sandretto 等,2006)。

导读

20 世纪 60 年代早期,默特尔·辛普森和鲁斯·特雷佛在新西兰共同开发了导读教学策略(Simpson, 1962; Thompson, 2005)。正如不少读者所知,导读课采用小组教学的形式,由教师选择适合学生水平的文本,提出引导性问题并教授阅读理解策略帮助和鼓励学生(Ministry of Education, 2003)。一堂典型的导读课的结构如下:

在课前,教师已经:

- 事先收集学生的阅读需求和优势,依据这些信息给学生分组;
- 选择合适的文本;
- 计划这堂课,包括要提的问题。

课程中,教师:

- 介绍文本和阅读目的；
- 引出学生的理解和经验并与文本产生联系；
- 监督学生阅读文本；
- 教授阅读理解策略；
- 发起讨论。

在课后，教师：

- 反思这节课；
- 记录学生进度；
- 计划之后的课程。（Ministry of Education, 2003; Thompson, 2005）

在我们研究项目初期，教师视导读课上的批判性素养教学为一种常规课堂练习而非附加的特殊学习环节（Simpson, 1962; Thompson, 2005）。随着研究的深入，大家很快意识到为导读课挑选适当文本的重要性。教师不仅要找到适合学生阅读水平的文本，而且需要确保这些文本能引向批判性问题。我们前面已经说过，提纲创造出来之后，教师们发现他们可以针对任何文本提出批判性问题。

研究项目中的教师认为导读能极为高效地鼓励学生小组批判性地分析文本：

> 这种机会仅出现在小组讨论中：学生既长时间地讨论复杂观点，又借助同龄人的观点深化理解。（Au, Mason & Scheu, 1995；引自 Ministry of Education, 2005, p.7）

因此，导读课的小组结构虽然很常见但是成果斐然：教师可利用这一结构实施批判性素养课程。

我们推荐这样的一个导读课结构，因为学生会重访文本，有充分的机会参与文本、加深理解，且可控的课堂时长可防止学生注意力分散或丧失兴趣。最后，我们也可以利用这个导读课程结构让学生提问和引导讨论（参加关于提问的章节的探讨）（也请参见 Simpson, 1996）。事实上，学生很少有机会引导讨论（Fisher, 2008），所以它代表了师生关系中短暂但重大的权力转移。

其他课程领域

我们研究项目中的教师将批判性素养课程定位于多种课程领域之中,包括艺术、社会研究和数学。例如,一名教师鼓励学生批判性地分析高更的画。学生和教师一起思考:高更在塔希提前后的绘画作品及历史背景。教师问:"他怎么再现他的人物?他怎么再现塔希提人?"(WCL, Years 1-6,23/7/07, p.1)

在另一节课上,一名教师在探讨湿地的更大的教学单元里进行批判性素养教学。学生参观过当地的湿地后,教师展示了一封由机场经理写的信和一份来自科学家的报告。信中称他们要将当地湿地排干以容纳扩建的机场,而科学家的报告则指出湿地对当地环境的重要性以及保护湿地的必要性。在对每个文本都进行了阅读分享后,教师让学生思考:

- 这个文本公平吗?为什么?
- 文本中排除了哪些信息?
- 这封信对谁有好处?
- 你觉得为什么作者以这种方式写作文本?
- 我们能做什么?

正如大家想象中的一年级课堂一样,一场极其有趣的讨论开始了。学生们不仅考虑到了作者的身份,也考虑到了提纲上的"那又怎样?",或者说——他们可以做些什么:

教师:所以我们怎么做才能阻止他们?

学生6:唔,给他们写封信。

学生1:我们可以给他们写封信,信里写些什么?

学生13:唔,就写我们不想,呃,湿地消失。

教师:为什么我们不想湿地消失?湿地的重要性是什么?

学生13:因为到那个时候,嗯,有些动物不想死。

学生1:我们不想让他们死。我们还能在信里写什么?

学生 9:请别毁灭湿地,因为那里生活着一些东西,而且是一个很棒的去处。

学生 7:唔,就说不要毁了湿地。

学生 9:唔,不要毁灭它,因为我们喜欢里面的动物。

教师:很好。如果他们不听我们信里的话,怎么办呢?或者他们把信丢垃圾桶呢?那我们怎么办?

学生 10:唔,我们可以找到一个更好的地方,他们可能觉得那个地方更好,在那里建。

教师:所以我们可以帮他们找到一个比湿地更好的地方。这个主意很棒。还有其他什么我们可以做的吗?

学生 6:唔,我们可以建新的湿地。

教师:我们可以建新的湿地。那我们就把湿地搬个家。如果动物和植物不想搬怎么办呢?

学生 6:不,我们可以在原来的地方建。

教师:但那个地方要建机场了。

学生 6:砸了它。

教师:砸掉机场,那我们会被抓起来,因为我们违法了。

学生 6:你会被抓起来。

教师:不,我不会砸机场,你总得想想其他事情。

学生 6:我们年纪小,不会被捕的。

教师:不过你还是会被你爸爸妈妈骂。

学生 6:你会的。

教师:但我不会去砸任何东西。

学生 6:我们可以把它砸了。

教师:为什么你想要把它砸了呢?他们还没建呢……很好。我们得记着要回到提纲上的内容,也就是所有文本都是由人创造的,所以有人写了一封信。你觉得这封信的作者是个什么样的人?你觉得他们是谁?

学生16:他们很坏。

教师:他们可能有点坏。想一想。你觉得他们之前去过湿地吗?

全体学生:没有。

教师:为什么你们这么想?

学生2:唔,因为他们没开车去过那里,他们没见过那些照片,他们没见过,就要把它毁了。

教师:所以他们没去过那里,这是个很棒的观点,棒极了。所以所有的文本都是由人创造的,也是人去选择他们写些什么、不写些什么。所以这个人决定把这些真实的情况忽略掉,比如说植物不再能净化水,植物和动物可能会死,人可能不会去那里玩,人们喜欢湿地。这个人决定只放他想要的那些内容,这样他们就能写出这封信让所有人相信他们。所以这是你们需要注意的。

学生3:但我不[相信他们]。

教师:是的,我们不相信。

(WCL, Year 1,8/6/06, pp.9—12)

得益于这些文字稿,我们可以进行批判性分析和反思。我们得注意到教师其实“错失了机会”。教师本应鼓励学生不仅思考可以采取什么行动,也要考虑文本的多元解读。[①] 教师可以鼓励学生从创造就业和当地经济利益的角度思考机场扩建。在讨论多元文本解读之后,学生可以就这个话题表明立场并解释原因。

教师也可以在探究式学习单元或“基于探究的课程整合”中进行批判性素养教学(Bartlett, 2005a;2005b)。具体细节我们不再赘述;但一般而言,每个探究式单元会从整体学校规划或总体计划出发。在这些会议上教师会选出“宏大的理念”(Wilson & Jan, 2003)。这个“宏大的理念”得足够吸引人,足以激发学生兴趣。它可以是,例如“人类决策影响其他生物的生存”这样的话题,而非“谁或者什么需要水”,前者给予学

① 我们会在第七章讨论批判性素养教学面临的伦理困境。

生更多参与讨论的空间。

之后教师会向学生们介绍这个话题，以此判断学生事先所知如何。在这一阶段学生可以帮助教师策划这个单元。学生可以用疑问墙或“知道—想要—学习”(Know-Want-Learn，简称 KWL)进行头脑风暴，确定他们讨论的兴趣点(Murdoch & Wilson, 2004)。学生会参与活动，对学习过程的反思贯穿整个单元始末，而不局限于结束时。为了探索他们选定的话题，师生可利用横跨不同内容领域的多元文本。通过批判性素养的眼光来看待这些文本，教师可以避免学生只在字面意义上理解文本。

每个课程领域都使用了大量广泛的文本。归根结底，批判性素养的放大镜可以审视任何文本。将批判性素养放置在广泛的课程领域如社会研究(Harouni, 2009; Spector & Jones, 2007; Wolk, 2003)，科学和数学(Darvin, 2007; de Freitas, 2008; Hogan & Craven, 2008; Love, 2008; Yang, 2009)以及戏剧(Martello, 2001; Shosh, 2005)的例子数不胜数。我们鼓励教师使用大量多元的文本将批判性素养置于不同的课程中。他们可以根据被分析的文本的内容和背景选择关注批判性素养提纲(见图4)的不同方面。

反思时刻

- 你会在哪里整合批判性素养？
- 你会如何用提纲来确定教学重点？

小结

本章旨在探讨批判性素养教学和计划实操中的诸多方面。我们探索了：

- 课堂结构/计划
- 文本选择/重访文本
- 提问

- 元语言的直接教学
- 教师角色
- 学生角色
- 在课程中定位批判性素养

我们鼓励你积极参与、勇敢尝试。参与批判性素养研究项目的教师发现，事先和同事阅读一遍草案，能够有效促进理论反思和批判性素养实践。我们鼓励你用大量与学生、情境及课程重点相关的文本进行实验。不要忘记提纲和它提供的批判性素养问题可以帮助你和你的学生分析任何文本。最后请记住：不存在唯一正确的计划和唯一标准的批判性素养授课方式。

拓展阅读书目

Daniels, H. (2002). Literature circles: *Voice and choice in book clubs and reading groups* (2nd ed.). Portland, ME: Stenhouse.

Gilbert, L. (2000). Getting started: Using literature circles in the classroom. *Primary Voices K-6, 9*(1), 9-15.

Jones, S. (2006). *Girls, social class, and literacy: What teachers can do to make a difference*. Portsmouth, UK: Heinemann.

McDaniel, C. (2004). Critical literacy: A questioning stance and the possibility for change. *The Reading Teacher, 57*(5), 472-481.

McLaughlin, M., & DeVoogd, G. (2004). *Critical literacy: Enhancing students' comprehension of text*. New York, NY: Scholastic.

Misson, R., & Morgan, W. (2006). *Critical literacy and the aesthetic: Transforming the English classroom*. Urbana, IL: National Council of Teachers of English.

Quintero, E. P. (2009). *Critical literacy in early childhood education: Artful story and the integrated curriculum*. New York, NY: Peter Lang.

Spector, K., & Jones, S. (2007). Constructing Anne Frank: Critical literacy and the Holocaust in eighth grade English. *Journal of Adolescent & Adult Literacy, 51*(1), 36-48.

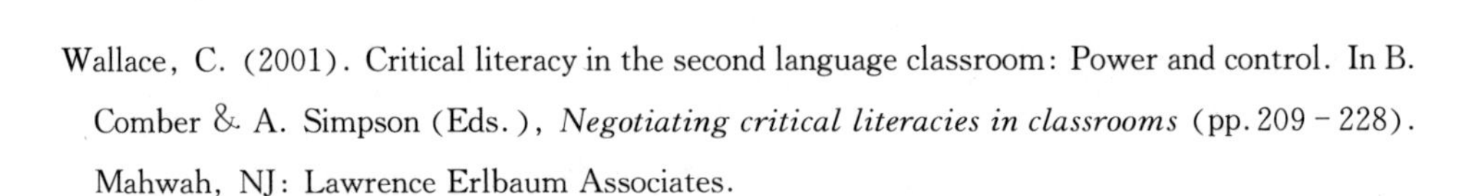

Wallace, C. (2001). Critical literacy in the second language classroom: Power and control. In B. Comber & A. Simpson (Eds.), *Negotiating critical literacies in classrooms* (pp. 209 - 228). Mahwah, NJ: Lawrence Erlbaum Associates.

Wallowitz, L. (Ed.). (2008). *Critical literacy as resistance: Teaching for social justice across the secondary curriculum*. New York, NY: Peter Lang.

第五章　批判性素养教学和测评之间的紧张关系：我如何知晓他们学了什么？

引言

提到测评这一术语，你脑海中会浮现什么？画满了点、斜线和叉的报告本？(Hill, 2000)一排排孩子在标准化测试中沉默地填写正确答案？师生共同思考投影在屏幕上的评分标准、一项项地讨论并修改？或者说，一名教师坐在一名学生身边、一边听一边做笔记？

测评一词来源于拉丁语“assidere”，意为“坐在旁边或一起”(Wiggins, 1993；引自 Earl, 2003, p.21)。这个定义很容易让人想象这样一幕：教师坐在学生身边，了解学生学会了什么，以便指导将来的教学和学习。有些测评观认为“使用测评的主要目的是促进学生的学习”(Hill, 2001, pp.178 - 179)，这一观点与这一画面正相吻合。

可以这么说：大多数教育工作者视测评为教学平衡中不可或缺的一部分(Absolum 等, 2009; Ministry of Education, 2010)。我们只有了解学生学到什么后，才能决定下一步该怎么走或如何调整我们的教学方式。但是，深入阅读与测评有关的文献时，大量术语和概念充斥其中：形成性/总结性测评、高利害的、基于标准的、基于表现的、学习的/为了学习的/作为学习的测评、真实测评……(Butler & McMunn, 2006)不仅如此，教师经常还得小心翼翼地蹚过政策规定的雷区(例如 O'Neill & Scrivens, 2005)。

如果我们用批判性素养的眼光观察测评实践，我们会发现测评的内容和标准反映了我们在教育中重视什么(Stiggins, 1991)。批判性素养研究团队发现目前新西兰并无标准化①的测评形式来支持教师将批判性素养融入他们的教学活动中。不过这无甚稀奇，因为测评行为本质上是一种政治行为(Burke & Hammett, 2009b)。课程的哪些方面重要到需要测评是由人来决定的，而当下批判性素养并未得到任何政治声明的明确重视(例如 Ministry of Education, 2003)。

那么，你怎么知道学生学了什么呢？本章我们会探索批判性素养文献中极少涉及的教学领域：测评(Morgan & Wyatt-Smith, 2000)。首先，会讨论我们对批判性素养的理解和测评理论与实践之间的紧张关系。其次，我们会浏览研究文献、思考测评的关键概念和原则。本章结尾时，我们会探索教师可用哪些工具促进批判性素养教育，包括"排查已知之域"(Clay, 1979)、采访、评测标准、日志、学习故事(Carr, 2001)和(电子)作品集。

反思时刻

- 测评一词让你想到了什么？
- 目前你在素养教学中一般采用哪些测评方式？

批判性素养测评：理论与实践

在本书中我从头至尾都在强调理论和实践的紧密联系。教学和测评也是如此。我们可以把测评活动视为"理论实践化的实例"(Wyatt-Smith & Murphy, 2001, p.22)。在导言一章中，我们采用四重资源模式(Luke & Freebody, 1999)把批判性素养放在多元素养的框架之中(Anstey & Bull, 2006; Bull & Anstey, 2010)。教师们在处理更宽泛的素养概念——其中包括批判性素养——时面临的一大挑战是：他们无法再依赖传统的测评工具：

① 更不用说批判性素养的定义本身具有流动性，因此标准化的批判性素养测评并不可取。

> 今天成功的学习者必备的广泛的知识能力、灵活性、问题解决能力和开放敏感性无法借由过度关注标准化、统一性和规律性的测评技术衡量。（Kalantzis 等，2003，p.25）

例如，曾有人称多模块文本：

> 模板、评测标准和地方性测试不够灵活，无法让我们探索新的思考、创造和批判的方式。面对新素养环境提供的机遇，我们必须找到一种能与之呼应的创新的测评方式。（McClay & Mackey，2009，p.115）

因此，多元素养角度下的素养测评给教育工作者带来了不少冲击和挑战（Burke & Hammett，2009a；Kalantzis 等，2003）。最大的难点是：如何在没有统一的正确答案时测评学生批判性分析多元文本的能力。在本小节我们会讨论测评的不同定义和批判性素养的理论基础，思考我们应该如何应对所谓的“批判性素养教育测评实践的百慕大三角”。诚然，就像百慕大三角①一样，不少人提及它的存在，其内部却鲜少传来消息。

我们在第二章讨论了本书中批判性素养的不同定义是如何被归入批判性社会理论和后现代主义理论旗帜下的。如若我们想让测评实践与我们的批判性素养定义的理论基础相一致，无疑是困难重重。事实上，如果我们注意到文献对测评的分析探讨之匮乏（Morgan & Wyatt-Smith，2000），我们就应该意识到在批判性素养教育中实施任何测试活动都举步维艰。这即是摩根和怀特-史密斯提出的“最让人诧异的沉默”（p.124）。它恰恰说明任何关于批判性素养教学和测评相互关系的复杂讨论有多困难。在批判性素养研究团队看来，测试亟需关注的关键议题是：如果教师无法有效地记录学生的学习进度，他/她怎么帮助学生批判性地分析文本呢？

① 这一隐喻有意模仿了布莱克和威廉姆（Black & Wiliam，1998b）的“黑箱”，即课堂里发生的事经常被旨在提高学生成就的教育政策所忽略。摩根和怀特-史密斯（Morgan & Wyatt-Smith，2000）让我们注意到相关文献中批判性素养测评研究的匮乏。

不同的测评定义与不同的教学、学习甚至更广泛的教育概念都有关系（Brown, 2008; Drummond, 2008）。换言之，测评即"决定赋予什么以价值"（Rinaldi, 2006;引自 Drummond, 2008, p.16）。就像我们在第二章提到批判性素养的两种不同定义一样，我们也可以追溯不同测评定义的哲学基础（James, 2008; James 等，2006）。测评文献中提到的三代测评实践背后各有不同的理论基础。

玛丽·詹姆斯（Mary James, 2008）认为第一代测评实践（或称"测评教学内容"）（James, 2008, p.21）的理论基础是行为主义的学习观。行为主义认为孩子的心智就像空空如也的容器，教师可以往里面灌入重要的事实。孩子的学习和巴甫洛夫的狗的学习没什么两样：都是在面对特定刺激时，通过条件作用强化研究者期待的反应。因此，教学往往是机械式学习和练习：强调先掌握基本事实，然后进阶至更复杂的学习过程。同时教师会把复杂的大块技能拆解成更易吸收掌握的小块教给孩子。

与之相反，影响了第二代测评实践的理论是建构主义。它"测评的学习是个体创造意义的过程"（James, 2008, p.25）。建构主义者认为行为主义忽略了学生在建构理解或创造意义中的作用。对他们来说，当学生建立心理模式并用这些模式理解新的经验和信息时，学习就发生了。建构主义教学帮助新手或学生培养问题解决能力，获得专家级的理解。

第三代测评实践"测评的学习是一个在与他人合作中产生知识的过程"（James, 2008, p.29）。这一视角来源于学习的社会文化理论。简单而言，社会文化理论将学习者视为活跃的社区成员。当"人们参与社区的社会文化活动，并在参与过程中改变理解、身份和责任"（Rogoff 等，1996, p.390）时，学习就发生了。受社会文化理论影响，教师创造真实的任务，让新手（学生）在更专业的人（教师或其他学生）的帮助下完成这些任务。在一个社会文化课堂上，师生在同一社区中彼此交流，解决问题（Wenger, 1998）。

詹姆斯（James, 2008）认为我们不需要把第三代测评实践应用于所有领域，关键在于"适用性"（James, 2008, p.34）。有些测评目标需要不同的测评手段或不同代际的测评方式。你可能会认为第三代测评工具能最有效地支持学生学习批判性素养，这一点我不否认：师生共同合作确实与我们之前关于对话和权力分享的探讨高度契合。第三代测评实践可能创造出这么一个空间：在这里，无论何时教师和身怀技能的学生都可以帮助其他学生提高文本分析能力。

那么，下一步怎么走？和探讨理论影响力时一样，我们应该用批判性素养的眼光审视批判性素养学习中的测评工具。我们可以问以下任何一个问题（见专栏 1）。不过要记住，针对一个测评工具，没必要把每个问题都问上一遍。

专栏 1：针对任何批判性素养测评工具的问题

1. 这个工具有没有鼓励学生思考包含、排除和/或再现问题？

2. 这个工具有没有鼓励学生利用自身知识和经验（即“知识储备”）？

3. 这个工具有没有鼓励学生去建构多元的文本意义？

4. 这个工具有没有促进学生思考他们的分析会如何影响他们的思想和/或行动？

5. 这个工具对于学生和教师的定位是什么（专家、新手、能力不足……）？

我们之后还会重返这些问题。接下来我们要审视测评研究文献中的一些关键概念，思考它们和批判性素养测评之间的联系。

反思时刻

- 你现在进行的是哪一代的测评实践？在哪些领域？为什么？
- 你对于批判性素养测评还有什么疑问？

测评研究文献一览

在本小节，我们会浏览测评研究文献中的一些关键定义，包括形成性测试、总结性

测评以及反馈和前馈的重要性。之后我们会讨论自我测评和同伴测评。

形成性、总结性或作为学习的测评:这些名称代表着什么?

在本章的引言部分,我们已经注意到和测评有关的词汇数量之巨。“基于总结性目标的测评”和“基于形成性目标的测评”已随时间发展被简化为“总结性测评”和“形成性测评”(Rogoff 等, 1996, p. 390)。在该话题上引用频率很高的一篇文章中,保尔·布莱克和迪伦·威廉姆(Paul Black & Dylan Wiliam, 1998a)将形成性测评描述为“囊括教师和/或学生的所有活动,提供的信息可作为反馈来调整他们参与的教学和学习活动”(pp. 7 - 8)。总结性测评在一个教学单元或学年结束时进行,旨在了解学生技能、知识和学科内容的学习情况(Butler & McMunn, 2006)。教师的成绩簿上经常记录着总结性测试的结果,以此为依据向家长/监护人或学校董事会报告学生的成就水平或进步程度。人们用烹饪来比喻形成性和总结性测评之间的区别:“厨师尝汤的时候是形成性的,客人尝汤的时候是总结性的。”(Stake, 1991;引自 Earl, 2003, p. 23)

比尔·厄舍和凯利·厄尔(Bill Ussher & Kerry Earl, 2010)认为这两个术语简化后,引发了不少混乱。更让人困惑的是,从任何测评工具中收集到的数据既可指导之后的教学和学习(形成性的),也可以评价学生目前的学习情况(总结性的)(Absolum 等,2009)。这种困惑不仅限于新西兰教师。在玛达莱娜·塔拉斯(Maddalena Taras, 2008)看来,当大多数教师意识到测评数据既可用于总结性目的,亦可用于形成性目的后,他们就不愿区分总结性评估和形成性评估了;而有些混淆正由此而来(也请参见 Black 等, 2003)。

为了摆脱这种混乱局面,有人建议教师不再把测评目标本身归为形成性的或总结性的,而是更多地关注如何使用收集到的信息。关注测评目的使罗尔娜·厄尔(Lorna Earl, 2003)赋予了这些测评方式不同的名字:“学习的测评”代替了总结性测评,“为了学习的测评”取代了形成性测评。无论哪种测评,教师都是关键测评者。新西兰教育部鼓励教师们采取“为了学习的测评”(Ministry of Education, 2010)。新西兰当前的立场是:学生和他们的学习应该是所有测评实践的核心。“如果评测不在某种程度上是形成性的，它就不值得做”(Ministry of Education, 2010, p. 20)。

根据这一立场，厄尔(Earl, 2003)提出了“作为学习的测评”，以学生为关键测评者。在“作为学习的测评”中，学生直接参与自我测评实践以促进他/她的学习。《新西兰测评指导》(*Directions for Assessment in New Zealand*，简称DANZ)(Absolum等，2009)这一文件中提供了建议，“作为学习的评估”则为思考这一建议提供了思考框架：

> 任何国家测评策略成功与否的评判方式都应该是：是否所有的学生都培养出了测评、诠释和使用高质量测评信息的能力和动机，这些能力和动机可以肯定或促进他们自身学习。(p. 23)

强调学生在测评实践中的角色，说明教师角色发生了微妙而重要的转移。对学生的强调也支持了本章提出的许多建议。

前馈、反馈和后馈

在测评研究文献中，我们能很明显地发现反馈是“为了学习的测评”(或称为形成性测评)不可或缺的部分(Black & Wiliam, 1998a; Swaffield, 2008)。反馈在高效的形成性测评中地位卓越，约翰·海提和海伦·汀伯莱(John Hattie & Helen Timperley, 2007)称“反馈是学习和成就最重要的影响因素”(p. 81)。虽然大多数教师都很熟悉反馈，但他们可能没听说过前馈和后馈(Hattie & Timperley, 2007)。在本小节，我们先简要探讨反馈、前馈和后馈的关键要素，再思考可以如何将它们应用于批判性素养测评。

海提和汀伯莱(Hattie & Timperley, 2007)认为成功的反馈要解决三个主要问题：“我要去哪儿？”“我该怎么去？”和“我下一步要去哪里？”(p. 87)。第一个问题“我要去哪儿？”和目标设定——前馈——有关。学生需要明确的标准——有时也被称为成功的标准(Clarke, 2005)——告知他们学习预期。在第四章里，我们已经指出批判性素养教育需要显性教学。这种显性教学包括直接教授元语言，也包括向学生拆解我们对批判性素养理解的方方面面。在一个具体的学习活动中，如果我们将包含、表征等关键要素作为课堂目标并告知学生达到目标的明确标准，我们就可以在这个方面训练学生。训练和高质量的反馈越多，学生就有更多的机会培养文本分析技能。我们的最终目标是让他们成为能力强大、自信十足的文本分析者，敢于对任何文本提出质疑。

第二个问题，“我该怎么去？”则关系到学生在成功标准或既定目标下得到的实际反馈（Hattie & Timperley, 2007）。我们在前面的小节里说过，这一点对批判性素养来说尤其困难。其他课程或许只允许一个正确答案，而我们这里理解的批判性素养鼓励对文本进行多元解读。因此教师给学生反馈时要多加留意，不要给学生留下只有唯一正确“答案”或回答的印象。

至于反馈的形式，书面或口头皆可（Swaffield, 2008）。有些研究认为书面反馈最好只有评价，没有分数或成绩（不是说我们不让你为批判性分析打分！）（Black 等，2003；James，等，2006）。对学生未来学习最有帮助的评价应该“指出哪里做得好、哪里需要提升并指出提升的方法”（Black 等，2003, p. 49）。如果反馈一味都是“很棒”或“不错”等赞美之辞，对未来的学习反而助益不大（Hattie & Timperley, 2007；Shute, 2008）。

反馈时机也同样重要。即时的反馈对学习产生即时影响，但延时反馈也能影响知识的传递（Shute, 2008）。瓦莱利·舒特（Valerie Shute, 2008）认为反馈时机应与具体目标相关。而且，舒特的文献综述告诉我们：更需要帮助的学生应该得到更多即时的反馈。

同样重要的是学生对反馈内容的理解。学生究竟如何接受和解读反馈内容，对此研究结果不一（Hattie & Timperley, 2007）。因为学生的自信程度和自我效能感的水平不同，并非所有学生对反馈内容的理解都与教师的预期一致。海提和汀伯莱提议“教师要从参与学习的个体角度出发看待反馈”（Hattie & Timperley, 2007, p. 101）。为了帮助学生理解反馈内容，里查德·斯提金斯（Richard Stiggins, 1991）提议直接教学可以帮助学生解码和理解他们接收到的反馈。他问道：“谁来训练学生成为教师反馈的批判性消费者？”（p. 535）因为批判性素养在许多学生眼里依然是个新鲜事物，他们需要教师清楚解释反馈内容后，才能更好地进一步学习。教师可能希望用批判性素养的眼光审视他们给学生的反馈，思考这些反馈是怎么把学生定位为专家或能力不足者的。

第三个问题，“我下一步要去哪里？”鼓励师生们考虑“我要去哪儿？”后，再次设定目标（这也被称为后馈）（Hattie & Timperley, 2007）。因此这三个问题构成了一个“目标设定、考虑学生学习、更多目标设定”的连续反馈闭环。海提和汀伯莱认为“有效的反馈应当清晰易懂、目的明确、富有意义、和学生之前的知识相契合并提供逻辑衔接”（p. 104）。

当然，如果教师不愿调整教学方式，反馈的效果会大打折扣（Alton-Lee, 2003）。因此教师和学生都要直面这个问题：“我下一步要去哪里？”比如说，如果学生无法识别不同的解读方式，教师就得给学生创造更多的机会锻炼这一项技能。

上述内容在实践中应该如何进行呢？在批判性素养教育中，我们可以把上面探讨的反馈闭环和第四章的批判性素养课堂计划结合起来。从图 17 中，我们发现文本选择的理念以及与批判性素养提纲或定义的联系为教师提供了空间，在这一空间里教师可以明确课堂重点或目标。这些目标就回答了“我要去哪儿”。这个模板提醒教师们确定每节课的反馈计划：你的反馈是面向全班的还是针对个人的？你的反馈是书面的还是口头的？当然这些反馈形式的决定与课堂目标和学生参与的具体任务有关。不过我们也应该牢记：课堂计划模板只是一个帮你起步的框架，无论如何你也不应该萧规曹随、一成不变。当你和学生分析文本时，你会时常开启新的文本解读方式，转移教学重点。这会带来与最初预期的反馈和前馈的偏离。

	文本的标题和水平：
我要去哪儿？ （前馈）	文本选择的理念：
	和批判性素养提纲/定义的关联：
	引发学生讨论的问题：
	元语言：
	讨论技巧：
我该怎么去？ （反馈）	反馈（针对全班还是个人，口头的还是书面的）
我下一步要去哪里？ （后馈）	课堂反思

图 17　反馈/课堂计划模板

让我们来看一个具体的案例。想象这么一个活动：在看完一集杰米·奥利弗的《食品革命》(*Food Revolution*)后，教师要求学生从不同角度解读这个视频。要求学生完成如下任务(见例1)。

例1：杰米·奥利弗的《食品革命》

观看第一季第一集。考虑读者调用的不同知识、经验以及可能产生的不同解读。然后填写下面的表格。

从不同角度出发，提供尽可能多的解读。我们已经给出两个读者的名字，把它们作为你的出发点。

读者①	读者调用的知识和经验	读者如何理解这一集?
我		
杰米·奥利弗		

现在想象一个学生已经填完了下面的表格(见例2)。

例2：杰米·奥利弗的《食品革命》：学生回答

读者	读者调用的知识和经验	读者如何理解这一集?
我	我知道我喜欢什么食物，我不喜欢沙拉	不喜欢
杰米·奥利弗	他是一个技艺出众的厨师	喜欢

① 这里“读者”指任何通过阅读、观看或其他方式接触文本的人。

你会怎么反馈？阅读并思考我下面给出的反馈。布莱克和威廉姆（Black & Wiliam, 1998b）曾建议“给任何学生的反馈都应与他/她完成的任务的质量有关、提供改进意见、避免和其他学生进行比较”（p. 143）。我给的反馈符合这些要求吗？为什么？

例3：学生反馈

[学生姓名]

你能描述两名不同的读者（你和杰米·奥利弗）理解文本时调用的一些的知识和经验。你还能够思考你们如何理解《食品革命》的第一集。你可以详细讲一讲为什么你们是这么解读的吗？除了你和杰米的理解外，还有哪些可能的解读方式？你还能列出哪些其他的读者？你觉得仅有两种视角（喜欢/不喜欢）吗？为什么？

如果教师在和学生会面时给出这些反馈，让学生有机会讨论反馈内容并回答问题，效果可能会更好。

第三章时我们说过，关于文本的对话一旦展开，就等于“打开潘多拉的盒子”（RTWD, 5/8/05, p.19）。任何批判性素养课程的希望和挑战正在于此。海提和汀伯莱（Hattie & Timperley, 2007）的三个问题“我要去哪儿？”“我该怎么去？”和“我下一步要去哪里？”（p. 87）为批判性素养教学提供了一个灵活有效的框架。但是，只要记住我们在这里讨论过的要点，你就可以在关键教学时刻处理这些问题。

自我测评和同伴测评

布莱克和威廉姆（Black & Wiliam, 1998a）在文献综述中发现很少有教师把自我测评纳入自己的测评活动中。在自我测评的过程中，学生能反馈他们目前的成就水平和预期目标间的差距，而在同伴测评过程中，学生反馈其他学生目前的成就水平和预期目标间的差距(Black 等，2003)。这两种测评形式的许多步骤一模一样，都与重视个体的后现代理论一致(Harrison, 2004)。柯林·哈里森(Colin Harrison, 2004)认为后现代主义推崇读者身份的重新定位，即将读者视为"积极主动、目的明确的文本使用者和意义创造者"(p. 168)。这种观念也承认学生不会仅仅产出一种正确或统一的解读方式。

我们可以把自我测评和同伴测评视为"作为学习的测评"(Earl, 2003)。这些测评实践也是学生学习的一部分，因为测评的过程就是学习的过程。测评文献似乎都一致认为自我测评和同伴测评应该是测评工具库的组成部分(Black 等，2003；Clarke, 2005; Earl & Katz, 2008)。在新西兰，人们越来越重视学生在测评中扮演的角色(Williams, 2010)。《新西兰测评指导》(DANZ)(Absolum 等，2009)给出如下建议：

- 我们所有的年轻人都应该学习如何提高他们测评自身学习的能力；
- 任何国家测评策略成功与否的评判方式应该是：是否所有的学生都培养出了测评、诠释和使用高质量测评信息的能力和动机，这样的能力和动机可以肯定或促进他们自身学习。(p. 23)

比起视教师为主要测评者的测评观，这一视角探讨学生在测评实践中的角色，大大凸显了学生的重要性(Earl, 2003)。

布莱克和威廉姆(Black & Wiliam, 1998b)认为"学生的自我测评……**实际上是形成性测评的关键组成部分**"(p. 143)。仔细思考之后，你会发现这也合情合理：如果学生不明白目标是什么，不清楚他们目前的学习水平，也不知道如何达成目标，他们是很难完成具体的学习目标的(Black 等，2003)。如果你直接参与测评过程——无论是通过自我测评还是同伴测评——你都能更明确你下一站该去哪儿。

同伴测评有许多好处(Black 等，2003)。首先，研究发现，同伴测评可以增强学生的动机，让他们更用心地完成任务。在相关测评文献中，也有证据显示同伴测评可以促进学习、提高成就水平(Black & Wiliam, 1998a)。其次，学生之间使用的语言可能比教师的语言更简单易懂。最后，同伴测评给予教师时间，让其可以和更多学生一对一地交流；这些得益于参与自我测评和同伴测评的学生更了解他们需要从教师那里获得什么样的帮助。

如果要培养学生的自我测评或同伴测评能力，他们需要清楚地知道测评他们的统一标准是什么。有些人视之为弊端，因为直接教学和/或协商标准都会占用课堂时间(Clarke, 2005)。但协商标准或目标本身也是让学生参与(Williams, 2010)并提供更多学习机会的重要方式。在学生们探讨辩论测评标准的时候，他们有大把机会思考并熟悉这些标准。

在实施自我测评和/或同伴测评时，需要注意以下几个方面(Black & Wiliam, 1998a)。首先，有些学生的误解可能过于根深蒂固，思想和行为极难撼动。这个时候只能靠对话改变他们的想法。我们在前面说过，学生要理解测评标准；如果他们无法制定"下一步去哪里"的计划，他们可能无法利用形成性反馈和前馈。至于下一步究竟要去哪儿，应该由学生和教师协商决定。

在此之后，你应该何去何从呢？有人认为教师应该先从同伴测评开始，因为它可以让学生在自我测评时更有信心(James 等，2006)。你可以尝试使用测评标准工具或访谈工具来促进同伴测评(例 4 是一个将测评标准改编后用于同伴测评的例子。例 5 是一个由批判性素养研究团队开发的自我测评工具)。这就需要依赖显性教学来教授这些工具的使用方法，比如说，教师可以以一项任务和小组打分为例进行示范。对测评结果进行群体协商至关重要，因为，此时学生有大量机会讨论他们如何测评具体任务、他们给出什么样的反馈和为什么要这么给出反馈。要记住：学生在理解反馈内容时也需要帮助，这样才能确保测评结果是形成性的而非情绪化的。这很有可能是一个长期目标，需要全校范围内长时间的支持。

总结

在本小节我们探讨了形成性和总结性测试——前馈、反馈和后馈——自我测评和

同伴测评。在我们进一步探索测评工具前，应该记住如下事项：

- 为了提高学生的批判性分析技能，我们可能要对批判性素养的目标(前馈)、反馈和后馈进行显性教学，帮他们继续进行文本分析实践。
- 大多在批判性素养教育中实施的测评实践都包含“为了学习的测评”和“作为学习的测评”(Earl, 2003)。这些实践让我们在提高学生批判性分析文本能力的同时，也关注教学闭环。
- 丰富多样的测评工具库，不应该仅仅捕捉“学生切片”(Hattie & Timperley, 2007, p.104)，而应该提供相关信息，为之后的教学和学习指明方向。同伴测评和自我测评也应属于这一工具库。

我很清楚有些建议似乎和批判性素养的后现代主义理论原则相悖。比如说，关于批判性素养的具体的反馈和前馈看起来可能是在排斥而非拥抱文本的多元解读。但正如之前所说，最快的进步方式就是经常反思你选择的工具和使用它们的后果。

反思时刻

- 请列举一些你目前正在使用，并可被称为“为了学习的测评”和“作为学习的测评”的工具。
- 你现在会使用同伴测评和自我测评吗？为什么？
- 你最常给出哪种反馈？如果想做出改变，你想如何改变你的前馈/反馈/后馈实践？为什么？
- 你想更多地了解哪一方面？
- 请尝试在杰米·奥利弗的例子(见例1)中使用测评标准(见例4)。
- 你会把学生的例子放在测评标准的什么位置？会给出什么样的前馈和后馈？为什么？请与你的同事一起就你的测评标准反馈进行商讨。

例 4：同伴测评标准

标准	超出预期	达到预期	低于预期
个人经验/知识	有明确的相关证据显示：将文本和个人经验/知识联系起来并给出了恰当的解释和理由	有一些相关证据显示：将文本和个人经验/知识联系起来并给出了恰当的解释和理由	非常少或几乎没有相关证据显示：将文本和个人经验/知识联系起来并给出了恰当的解释和理由
视角	有明确的相关证据显示：展示出了多元视角并给出了恰当的解释和理由	一些相关证据显示：展示出了多元视角并给出了恰当的解释和理由	非常少或几乎没有证据显示：展示出了多元视角并给出了恰当的解释和理由
包含/排除	有明确的相关证据显示：对包含/排除进行讨论并给出了恰当的解释和理由	一些相关证据显示：对包含/排除进行讨论并给出了恰当的解释和理由	非常少或几乎没有证据显示：对包含/排除进行讨论并给出了恰当的解释和理由
再现	有明确的相关证据显示：对再现进行讨论并给出了恰当的解释和理由	一些相关证据显示：对再现进行讨论并给出了恰当的解释和理由	非常少或几乎没有证据显示：对再现进行讨论并给出了恰当的解释和理由
对他/她思维的影响	有明确的相关证据显示：对学生思维产生了影响并给出了恰当的解释和理由	一些相关证据显示：对学生思维产生了影响并给出了恰当的解释和理由	非常少或几乎没有证据显示：对学生思维产生了影响并给出了恰当的解释和理由
前馈和后馈			
学生反思	成功和挑战：		

来源：改编自 Sandretto & Ledington，2010。

例5:自我测评工具

级别:1 2 3 4 5

完全不同意 非常同意

对以下每个陈述进行自我评分,从你刚刚阅读过的文本中找出一个例子支持你的评分结果。

1. 我可以在文本和我的个人经验之间建立起联系。(自评级别:)

举例:

2. 我可以识别出多元视角。(自评级别:)

举例:

3. 我们可识别排除(或包含)的例子。(自评级别:)

举例:

4. 我可以探讨文本中人/动物/议题是如何被再现的。(自评级别:)

举例:

5. 我可以探讨文本对我思维的影响。(自评级别:)

举例:

批判性思维测评工具

在本小节,我们会探索多样化的测评工具供你在批判性素养教学中试用。请记住之前列出的那些问题(我们把专栏1的内容粘贴在了下面),并用这些问题反思这些工具和它们的效果。

专栏1:针对任何批判性素养测评工具的问题

1. 这个工具有没有鼓励学生思考包含、排除和/或再现问题?

2. 这个工具有没有鼓励学生利用自身知识和经验（即“知识储备”）？

3. 这个工具有没有鼓励学生去建构多元的文本意义？

4. 这个工具有没有促进学生思考他们的分析会如何影响他们的思想和/或行动？

5. 这个工具对于学生和教师的定位是什么（专家、新手、能力不足……）？

首先，我们将考查“排查已知之域”（Clay, 1979, p.55），一种判断学生文本分析能力原初状态的方式。接下来，我们会讨论我们在研究项目中开发出的一个访谈工具和一个测评标准工具。最后，我们会探索其他批判性素养测评工具库的补充：日志、（电子）作品集和学习故事。

从哪儿开始：“排查已知之域”（Clay, 1979, p.55）

玛莉·克莱（Marie Clay, 1979）提出的前期测评——她称之为“排查已知之域”（p.55）——的基本前提是：教师应该搁置对学生能力和缺陷的先入之见，了解每个学生，关注他/她的能力、方法和长处。在克莱本人的工作中，“排查已知之域”发生在学生参与阅读校正体系的头两周。教师选择的文本学生阅读准确率约为90%（Clay, 1979）。在克莱的模型里，这一时期的测评关注学生的解码和文本理解能力（Luke & Freebody, 1999）。她建议教师关注学生使用了哪些策略、能够识别出哪些印刷文本的特征等。

谢若·多兹尔、彼德·约翰逊和里贝卡·罗杰斯（Cheryl Dozier, Peter Johnston & Rebecca Rogers, 2006）三人在关于职前教师的作品中拓展了克莱“排查已知之域”[①]的观点；他们认为职前教师还要“排查学生从家庭和社区中获得的价值观、经验、策略和能力”（p.63）。这些都是“知识储备”，或可理解为“在文化语境和时间累积中发展出的

① 他们将其称为“已知排查”（Dozier 等，2006，p.61）。

知识和技能”(Moll 等, 1992, p. 133)。它们来自家庭、同伴群体、社区和流行文化的社会空间(Moje 等,2004)。就像我们在第二章说过的那样,利用学生的知识和经验是批判性素养重要的组成部分。

在批判性素养教学和测评中“排查已知之域”时,随着你对学生、他们的能力和知识储备的理解愈发深刻,你可能希望给学生更多的机会批判性地分析广泛多样的文本。但是不要把这些前期活动当成是教学;你应该把它们视为收集以下信息的过程:

- 你的学生已经掌握的批判性素养词汇,如再现、刻板印象和偏见;
- 你的学生能够使用的批判性素养策略,如分析包含和排除;
- 你的学生依赖的知识储备;
- 你的学生能够批判性分析的文本类型(电子的、书面的、现实存在的、活动的或视觉的);
- 你的学生已经掌握的对话技巧,如摄入或补充。

同样,给学生机会,让他们以书面或口头方式做出回应。

这些“排查已知之域”的批判性素养活动可能与你之后实施的批判性素养课非常接近(见第四章)。区别在于:你无需直接教授元语言或对话技巧;这些前期活动只是为了告诉你:学生的文本分析能力如何,可用来指导后续的教学和学习。当然,随着学生的批判性素养能力加强,这些信息也能帮助你勾勒出更加完善的学生画像。

访谈工具

在研究项目中,我们发现其中一个数据来源非常有可能成为测评工具(见附录C)。在第三章我们已经简要提过刺激回忆访谈(Calderhead, 1981),它是在一节课后立刻进行的焦点小组访谈。这种刺激回忆方式可追溯到本杰明·布鲁姆[1](Benjamin Bloom, 1953)对学生在不同教学模式(尤其是教师授课和小组讨论)下思维过程的研

[1] 你可能通过《布鲁姆分类法》(*Bloom's Taxonomy*)(Bloom, 1984)了解过他的作品。

究。布鲁姆把课堂内容录下来后向学生播放，让他们回忆在课堂的关键时候他们在想些什么。我们在批判性素养研究项目中也对学生进行了刺激回忆访谈，希望以此了解他们对批判性素养教学的理解。

在每节课后开展刺激回忆访谈的过程中，我们意识到它能有效记录学生对批判性素养的理解，因为它提供的海量深入的数据可被教师用于“作为学习的测评”或“为了学习的测评”(Earl, 2003)。教师可以利用项目中访谈的时间安排，在一年的不同时间点收集学生对批判性素养的理解，以此指导教学。“批判性素养对你来说意味着什么？”和“如果你是教师，你会怎么帮助学生提高批判性素养？”等问题让教师更深入地理解学生内心；而当它和其他工具一起使用时其威力尤其强大。虽然我们最初对刺激回忆访谈进行设想时并没有把它当成一个测评工具，但它的潜力不容小觑，足以成为日益壮大的测评工具库的一员。

我们一起来研究我们收集到的一些信息。通过一组刺激回忆访谈文字稿，我们能看到一群12年级学生的转变。在他们的第一次访谈中：

研究者：你觉得今天课上的重点是什么？

学生2：种族主义。

学生5：种族主义的影响。

(SRI, Year 12, 3/4/07, p.1)

此时学生关注的是课堂内容：《杀死一只知更鸟》中的种族主义和当时南方的《吉姆·克劳法案》，但此时他们还无法讲清楚批判性素养包含了什么。

在下一次访谈中，我们发现：

研究者：我首先想知道你们觉得今天这节课的重点是什么？

学生1：不同的视角。

学生2：是的，不同的视角，或者说作者……是如何写作的，不同的人在故事里有不同的观点。

研究者:批判性素养对你来说意味着什么?

学生1:我不知道。

学生2:大量对话。

学生4:讨论。

学生3:批判性地分析一本书里的一个人物或篇章。

学生5:很多东西,可能我们也不知道为什么我们要这么做,但它帮助我们更好地理解这个故事。

研究者:如果有人过来,比如说是一个新学生,你要怎么向这个人描述批判性素养是什么?

学生2:讨论。

学生3:了解不同的人的不同视角。

(SRI, Year 12,22/5/07, pp.1 - 2)

在这个片段里,我们开始看到学生的转变——从关注课堂内容到关注课堂所教授的技能。学生开始将批判性素养课堂上的讨论视为批判性素养不可或缺的部分,也将"批判性的"理解为批判性分析文本以更好地理解故事。最后,现在他们把批判性素养当成一个工具,这个工具可以帮助他们思考不同的视角,探索作者建构故事的方式如何包含或排除不同的视角。

在第三次访谈中我们看到:

研究者:你们觉得今天这节课的重点是什么?

学生2:数学圈对约翰·纳什[在电影《美丽心灵》(*A Beautiful Mind*)]的看法。

学生3:视角的转变……纳什是如何看……

研究者:批判性素养对你来说意味着什么?

学生4:它就是不同的人对不同文本的看法吗?

学生 3：或者作者或导演想通过文本让读者以什么方式思考？

学生 2：讨论。

（SRI, Year 12, 24/7/07, pp.1－2）

这一片段和上一片段非常相似。学生视批判性素养为思考文本不同视角的方式。而且，批判性素养课包含了讨论。两个片段的区别在于文本。在五月份的片段里面，学生探讨了《杀死一只知更鸟》的历史背景；在七月份的这个片段里，学生研究的是电影《美丽心灵》。这两个片段说明学生已将批判性素养视为在不同文本类型中皆可应用的技能。

在对学生进行最后一次访谈时，我们发现：

研究者：你觉得批判性素养课让你研究了哪些具体的议题？

学生 1：它让我看到同一事物的不同方面。就好像不同的人以不同的方式看待同一件事一样。

学生 2：你进行了讨论……你知道其他人看待它的其他方式，所以你理解了其他看待事物的方式。

研究者：你觉得批判性素养的哪些话题和主题是值得探讨的？

学生 3：话题。

研究者：话题是什么意思？

学生 3：你了解，比如说，不止一个人的观点。你不仅知道自己的观点，你知道每个人的观点。

学生 4：辩论。

研究者：你是说那些公开讨论的东西？

学生 4：是的。

学生 1：就像任何事物都有两面性。

研究者：只有两面性吗？

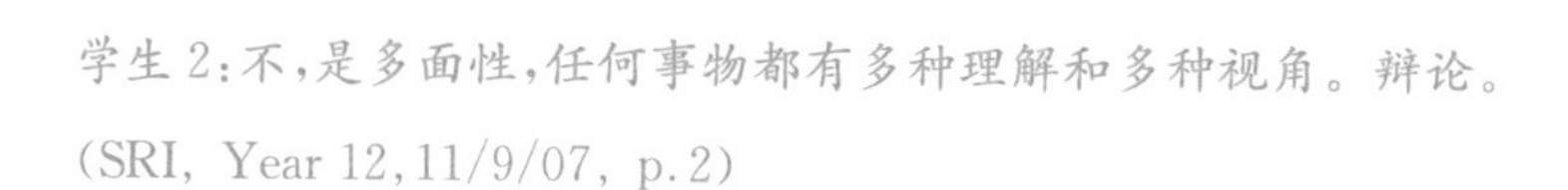
学生2：不，是多面性，任何事物都有多种理解和多种视角。辩论。
(SRI, Year 12,11/9/07, p.2)

在这个片段中，学生将批判性素养当作探索不同话题多元视角的有效工具。它也能丰富辩论的内容。因此，在这一年的时间里，学生最开始甚至无法讲清楚什么是批判性素养，最后却已经能够把它当作思考文本多元视角的工具。

根据刺激回忆访谈提供的这些信息，批判性素养研究团队深信它也可以成为极有潜力的测评工具。但很少有文献研究批判性素养测评中的访谈。这一匮乏之所以让人惊讶，是因为无论是个人访谈还是小组访谈都与探讨批判性素养教育中对话使用相一致（见第三章）。因此访谈测评工具代表了一种真实测评，因为“作为一种测评方式，它对学生的能力（即知识、技能、态度的结合）的要求与职业生活中的要求是一样的”(Gulikers 等，2004，p.69)。

丽萨·帕特尔·史蒂文斯和托马斯·宾(Lisa Patel Stevens & Thomas Bean, 2007)曾经简要描述了一个案例：一名教师和学生进行一对一访谈，以便找出“她的哪些理解被改变了”(p.91)。访谈可以是一对一的，也可以小组形式进行；当然教师也可以尝试让学生来访谈学生，给他们更大的批判性素养技能自主权（并鼓励学生培养访谈的研究技能）。学生相互访谈正符合“作为学习的测评”原则(Earl, 2003)。

当然，正如任何测评工具一般，访谈也存在一定的局限性。其中之一是一对一访谈非常耗时。克服这种局限的方式之一是让学生相互访谈。可以采用书面形式或录像形式记录学生的回答，然后用于后期评估。

访谈的另一局限在于隐性思维。很多新西兰教师可能熟悉算术项目(Ministry of Education, 2007a)中的诊断性访谈。这种情境下的诊断性访谈可用于理解学生解决问题时采用的心理策略。但盖文·布朗、厄尔·厄尔文和彼德·基根(Gavin Brown, Earl Irving & Peter Keegan, 2008)警告我们：学生在访谈中的回答很难被用来评估他们的思维过程。他们可能无法将自己的想法付诸语言，也可能为了取悦教师，回答一些他们觉得教师想听的话。当我们试图通过访谈理解学生对批判性素养的看法时，这些警告依然发人深省。但是，如果教师能把访谈和本章提到的其他测评工具结合起来，他们确实有可能窥见学生在分析文本时是如何发展技能和策略的。

测评标准工具

测评标准一般和绩效评价有关（García & Pearson, 1994），可以反映任务的复杂性。希瑟·弗允（Heather Fehring, 2005）认为：一方面，我们当前依然处在传统的标准化测评工具占据主导的语境下；另一方面，我们又有让学生学习多元素养的需求，此时“个人化的素养测评参数和标准可以弥合新旧素养测评实践之间的鸿沟”（p. 101）。根据弗允的这一说法，批判性素养研究团队开始探索测评标准的潜力（见下文）。

批判性素养测评标准封面页

理论原则（哲学）

- 所有文本都是社会建构的产物（因此提纲上的这一点不会被直接测评）。
- 批判性素养是一系列累积性的批判性思维策略/技能，需要耗费数年时间方能发展、提高，需要终身实践。
- 批判性素养应该帮助学生认识到多元解读的可能性。

测评设计

- 前测/后测设计。
- 学生批判性思维的“切片”。
- 补充性的持续记录和/或星形数据模型。
- 在导读课上在小组范围内使用。
- 在某些情况下教师可能会进行一对一测评。
- 教师可能选择使用自我测评或同伴测评工具。

目标

- 前测的目标是指导教学和学习。
- 后测的目标是判断进步的水平和规划下一步学习。

任务开发(教师责任)

1. 为了批判性素养测评这一目标,设计出基于测评标准的课程。
2. 给学生提供尽可能多的机会来表达他们的思考,实现批判性素养的每个方面。
3. 在提问之后,留下充足的等待时间;学生回答后,给予中性回应。
4. 提出后续问题如"为什么你这么想?"或"你可以进一步解释吗?"或"是什么让你这么想?"或"解释一下",让学生有机会解释他们的回答。
5. 为了囊括测评全部的五个方面,需要多堂课程的辅助(在理想情况下,测评在两周内完成)。
6. 把一份批判性素养课堂计划模板附在里面。

表现水平

在帮助下

- 在教师的提示和支架帮助下,学生能够展示批判性素养的每个方面。

识别

- 学生能够陈述、列举或记录批判性素养的各个方面,但是即使在有提示时,也无法提供解释或理由。

提供理由

- 无论有无提示,学生都能说明、解释批判性素养的各个方面或就此展开辩论。

预期

决定学生表现水平的诸多因素包括学生年龄,他们与批判性素养的接触程度。我们提醒各位教师:测评标准不应该成为学生批判性素养整体成就和进步的唯一标准,应当是一个更大的形成性和总结性测评项目的一部分。

批判性素养测评标准

和提纲的联系	标准	在帮助下	识别:列举、陈述、记录	提供理由:解释、辩论、“因为……”	独立:能够在没有提示的情况下讨论多样化的文本
所有读者都会把不同的知识和经验带入文本中	学生可以识别出: ● 文本和个人经验/知识之间的联系				
读者以不同的方式理解文本	● 多元视角				
人们选择包含谁/什么,所以有些人或事可能会被排除在外	● 文本中出现的包含和排除				
人或事再现的方式是经过选择的	● 文本中的人、动物或话题是如何被再现的				
我们可以逐渐意识到文本是如何影响我们的思想和行为的	● 文本对他/她的思想的影响				

批判性素养研究团队依据乔·穆勒(Jon Mueller, 2008)在线上资源中描绘出的测评标准指南,在一次研讨会议上开发出了这一套测评标准。在标准实施之前,教育测评领域的同事们评估了测评标准的初稿。因为这一标准紧跟批判性素养提纲中提及的关键概念,我们认为提纲这个出发点提高了测评标准的课程效度(Lissitz & Samuelsen, 2007; Mills, 2008)。换言之,我们相信测评标准反映了学生接收的课程,因此它是一种真实测评(Newmann & Archbald, 1992)。在此我用“真实测评”一词,因为“这种测评对学生的能力(即知识、技能、态度的结合)的要求与职业生活中的要求

是一样的"(Gulikers 等,2004, p.69)。我们希望学生接触任何文本时都能应用批判性素养技能,而这一测评标准可对该技能做出评价。

在开发测评标准时,我们共同构建了一个描述测评标准哲学基础的封面页,其中包括测评设计、目的、任务开发、表现水平和预期(见上文)。这样一来,开发过程的理论原则和测评标准的使用预期都一览无余。我们希望这个封面页会助力其他人依据各自的情况试用这一套测评标准。

我们采用前测的设计和后测的设计来评估这一标准的有效性(参见 Sandretto, 2009)。参与该研究的小学和高中教师在一个学生焦点小组中首次试用了这个测评标准;小组的授课内容与学生课堂上的授课内容并无区别。研究者在小学生身上测试这个测评标准时,被选中的小学生和研究项目中的小学生水平一致、上同一所学校;唯一的区别是后者在另一个班,并未上过这名教师的课。我们收集了一套完整的数据(涵盖前测和后测结果),包括 31 个参与项目的学生和 9 个未参与项目的学生的数据。研究者(即教师)在课堂讨论、对学生进行归类时,测评标准也就完成了。当我们分析数据以评估测评标准时,我们计算了被归类的测评标准的出现频次,对参与项目的学生和未参与项目的学生的结果进行了比较。

我们发现,测评学生在讨论中的回答时,测评标准能够灵活地记录学生对批判性素养的理解。例如(见表 4),在未参与项目的二、三年级学生班级里,经过两次年初的导读课之后,所有焦点小组的学生都被归到"识别"和"提供理由"这两类。年终之时,这些学生依然停留在这两个类别中,其中两名学生在一个方面(人/动物/话题如何在文本中再现)需要支持。这说明他们的批判性素养技能几乎没有任何进步。

在一个参与项目的五、六年级班级里,教师发现年初时学生的水平参差不齐,每个类别的学生都有。其中的四个学生已经能够独立地将文本与自身知识和经验联系起来。到了年末,焦点小组在大多数领域都取得了进步,此时大多数学生都可被归到"提供理由"这一类别中。不过有一个学生例外:他在"把不同的知识和经验带入文本中"上毫无进步。但那些在年初就能独立将文本与自身知识和经验联系起来的学生,此时已经迈入了"提供理由"这一类别中。当然这一发现还需要进一步研究,因为该结果的出现可能由多种因素导致,例如,对该领域缺乏集中教学,或对测评标准结果的归类方式不一等。

表4 测评标准结果:未参与项目的二、三年级学生

标准	在帮助下		识别:列举、陈述、记录		提供理由:解释、辩论、"因为……"		独立:能够在没有提示的情况下讨论多样化的文本	
	第1学期	第4学期	第1学期	第4学期	第1学期	第4学期	第1学期	第4学期
把不同的知识和经验带入文本中			M* A Z SR	M A Z S R				
多元视角				Z A	M A Z S R	M S R		
文本中出现包含/排除的情况			M A Z S R	R Z M S		A		
人/动物/话题如何在文本中再现	Z R		M A Z S R			M A S		
文本是如何影响他/她的思想和行为的				Z	M A Z S R	M A S R		

注:不同字母代表不同的学生。

表 5　测评标准结果:参与项目的五、六年级学生

标准	在帮助下		识别:列举、陈述、记录		提供理由:解释、辩论、“因为……”		独立:能够在没有提示的情况下讨论多样化的文本	
	第 1 学期	第 4 学期	第 1 学期	第 4 学期	第 1 学期	第 4 学期	第 1 学期	第 4 学期
把不同的知识和经验带入文本中	C	C				A D H M	D M H A	
多元视角	C		A D H M			C H M A D		
文本中出现包含/排除的情况	C D		H		A M	C A D M H		
人/动物/话题如何在文本中再现			C M A D		H	A M D C H		
文本是如何影响他/她的思想和行为的	C		H D		M	A H M D C	A	

虽然最终结果在统计学上并不具有显著性,但我们比较完两组学生在不同表现水平上的整体上前测和后测得分后(见图 18 和图 19),应该不难看到测评标准工具的潜

力。在参与项目的学生中(见图 18)，在前测时，更多的学生位于低表现水平；到了后测时，更多的学生达到了高表现水平。而相较之下，未参与项目的学生(见图 19)改变甚微：大多数学生在前测和后测时都处在“识别”和“提供理由”的水平。

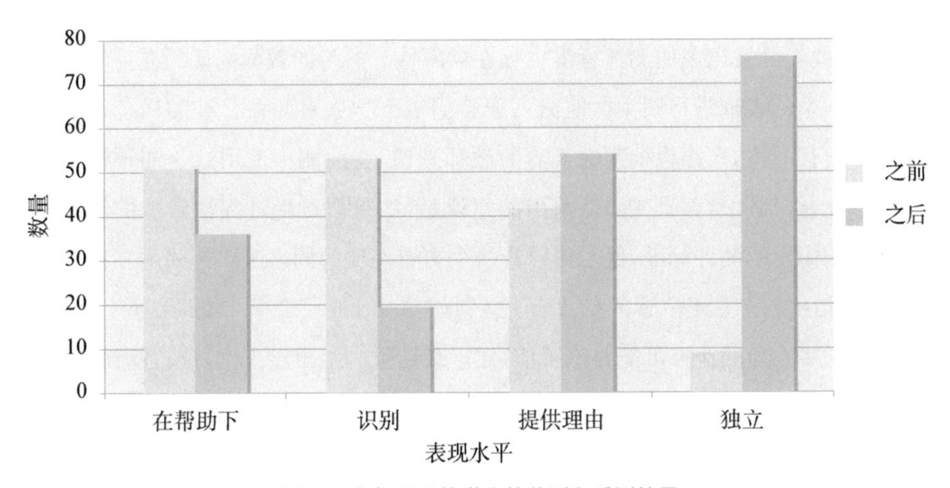

图 18 参与项目的学生的前测和后测结果

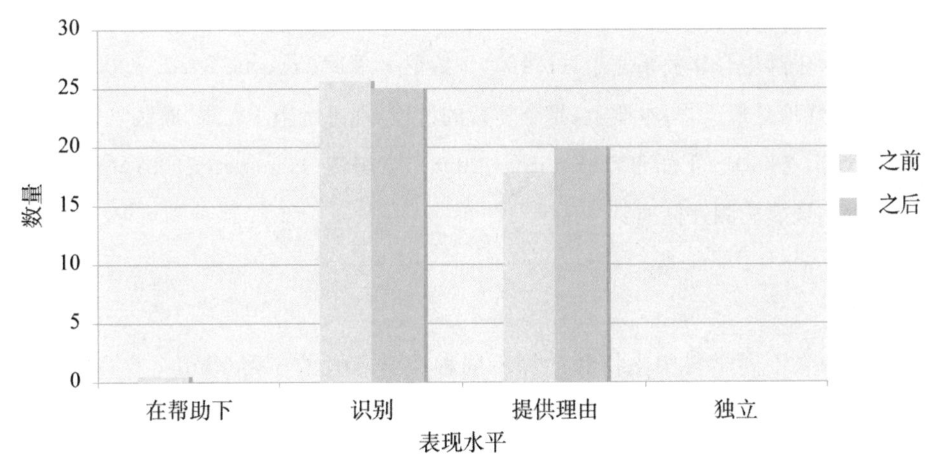

图 19 未参与项目的学生的前测和后测结果

这些发现让批判性素养研究团队相信：测评标准确实能测出我们想要测量的内

容。我们还发现测评标准可测量学生如何在具体文本中使用批判性素养策略,或更宽泛地测量他们对批判性素养术语和概念的理解。我们相信测评标准这一灵活的工具可适用于广泛多样的文本。高中教师也建议将测评标准当成一种自我测评工具,就像弗允(Fehring, 2005)所提倡的那样。

不过,我们开发出来的测评标准也存在局限性。参与的教师们认为在一节课上很难快速对学生的表现进行归类。他们可能希望录下学生对测评标准的回应以避免草率决定。而且,对初次接触批判性素养的教师来说,在前测中使用这一测评标准也很困难。对此,批判性素养研究团队给出的建议是:如果新接触批判性素养的教师想在前测和后测中使用测评标准,他们可以让一个更有经验的同事来实施前测。让同事实施测评标准还能解决评估者间信度问题(例如 Andrade, 2005; Moskal & Leydens, 2000),即有些教师的诠释可能并不可信,在记录结果时给出过于慷慨或吝啬的评价。

在批判性素养文献中,对测评标准使用的探讨非常有限。例如,罗伯特·哈姆特(Roberta Hammett, 2007)就认为加拿大现存的素养测评无法处理"批判性素养更复杂的方面"(p. 348);他提议由师生共同建构测评标准,使之更类似于也更能强化我们希望培养出的批判性素养技能。弗允(Fehring, 2005)也赞同这一观点:"最有效的测评标准诞生于师生合作关系之中"(p. 107)。约尼·瑞德(Yvonne Reed, 2008)则警告我们:批判性地分析文本,本质上,是个复杂的过程,别寄希望于发现"魔法"(也请参见 Newfield 等, 2003)。正如弗允(Fehring, 2005)、哈姆特(Hammett, 2007)所主张,瑞德也提倡共同建构测评标准。

日志

日志可在不同学科中支持和测评不同种类学习者的学习(Butler & McMunn, 2006)。反思日志一般用来帮助教师批判性地反思他们的教学实践(Roe & Stallman, 1994; Sandretto 等, 2002; Spalding & Wilson, 2002)。大学生已经开始使用日志反思线上课程(Andrusyszyn & Davie, 1997),中学生使用它来辅助和指导数学学习(Borasi & Rose, 1989),小学生则采用它来提高信息素养技能(Harada, 2006)。以上都是使用日志的几个例子。在批判性素养教学中，日志可以记录学生对批判性素养的理解是如何随时间发生变化的。它能成为自我测评或同伴测评工具，为形成性测评提供丰富的信息(Earl & Katz, 2008)。

日志的一种常见形式是对话日志(Ghahremani-Ghajar & Mirhosseini, 2005; Peyton & Seyoum, 1989; Roe & Stallman, 1994)。对话日志记录师生之间就学生选择的话题(Gambrell, 1985)进行的书面对话(Peyton, 2000)。在对话日志中，教师一般不修正日志的一些表面特征如拼写或语法(Peyton, 2000)，而是提示学生、回答他们的问题。在这种形式下，和学生的交流是教师的重点。事实上，对话日志最大的优点正是教师的及时回复(Gambrell, 1985)。很多教师发现对话让他们更加了解学生，享受更加和谐的师生关系(Gambrell, 1985)。苏-赞・加赫曼尼-加贾尔和赛义德・米尔霍塞尼(Ghahremani-Ghajar & Mirhosseini, 2005)用对话日志培养高中生的英语能力和批判性素养时，发现在教师对话的帮助下，学生的批判性素养能力在一年内得到了提高。

玛丽・妮可里尼(Mary Nicolini, 2008)用与对话日志相似的方式——写作——来培养批判性素养能力。她所教授的高中学生写匿名信参与"远程对话"(Mofett, 1992; 引自 Gambrell, 1985, p.77)。她发现写作可以帮助那些在课堂上沉默的学生发展批判性素养，鼓励他们支持和捍卫他们对具体话题(死刑)的立场并考虑其他视角。

现在日志、网络博客(即现在通常所说的博客)提供了电子日志写作平台(Huffaker, 2005; Wilber, 2007)。在赛博 2.0 时代，博客只是诸多可用的工具之一(Beach 等, 2009)。当学生使用赛博 2.0 时代的电子通信工具时，他们"既以读者的身份也以作者的身份参与社会互动，因为他们不仅分享信息，也说服他人在某个议题上持有特定立场"(Beach 等, 2009, p.157)。越来越多的年轻人开始在一些网站如《生活杂志》或"部落客"(Blogger)上写日志(Huffaker, 2005)。博客和个人日志的运作原则基本一致，不过两者间有一个非常显著的区别：博客模糊了私人和公众的界限(Davies & Merchant, 2007)。

很多读者可能都熟悉《朱莉与朱丽亚》(*Julie & Julia*)(Ephron, 2009)。在这部电影里,一名年轻的女性打算将朱丽亚·柴尔德的《掌握法式烹饪的艺术》(*Mastering the Art of French Cooking*)里的全部菜谱付诸实践(Beck 等, 1961)并在博客上记录她的烹饪经历。这是第一部基于博客的电影。博客在早期时更像日记的化身,现在的版本却更关注社交(Davies & Merchant, 2007)。线上博客让博客写手们互相联系、及时发表日志并存档过往的日志。它既可以对公众开放,也可以在设置后只允许被授权的用户访问。如果教师想用博客作为重要的批判性素养测评工具,他们需要考虑清楚隐私设置问题。学生的博客只向学生本人和教师开放,还是向全班、全校、家长开放,我们在使用博客——或任何本章探讨到的测评工具——时,都得考虑"适用性"(James, 2008, p.34)这一直觉性法则。测评工具(在此指的是博客)的用途会决定教师怎样更好地设计这些工具。

当然,就像任何其他工具一样,日志这一测评批判性素养的工具也存在局限性。苏珊·巴特勒和南茜·麦克穆恩(Susan Butler & Nancy McMunn, 2006)在观察日志在不同学科中的应用细节时,注意到日志虽然给学生提供分享私人信息的空间,却也给教师带来了棘手的伦理问题。他们建议使用日志的教师明确告知学生:当学生分享了某些信息——例如虐待——时,教师有伦理义务上报给当局。尽管日志存在隐患,它依然是非常有效的工具,可以让教师了解学生先前的知识储备,或者检查学生是否掌握了一节课的重点。

除了可能的伦理问题外,教师也发现他们需要投入大量时间才能从日志中获益。针对这个问题,琳达·甘姆布莱尔(Linda Gambrell, 1985)建议他们不必让全班都写日志;他们可以将学生分成小组,让每个小组以轮流的方式写日志。教师们发现日益增加的实践让他们在回复日志时效率更高、目标更加明确。在小组中尝试过日志后,教师可以把写日志的范围扩大到整个班级。

我们之前已经说过,写日志的好处之一是增强师生之间的联系。史蒂芬尼·琼斯(Stephanie Jones, 2006)用家校周记的形式与学生的家人交流。这些日志虽然形式不定,但是为家校沟通提供了一个公开的渠道。每周,教师会在日志上给家长写一则短讯。家庭成员可以任意方式回复:提问、分享担忧和困惑、撰写共享故事、透露他们觉得教师应当知道的重要信息，等等。这些日志让教师更了解每个学生和他的家庭，因此也可以助力教师在批判性素养课上更好地利用学生的知识和经验。家校日志不仅能丰富批判性素养教育，也有助于强化家长和学校之间的联系（Comber & Kamler, 2004）。

在使用日志记录批判性素养学习进程时，日志形式非常多样。教师可以问学生下面的问题，让他们对某一节批判性素养课进行反思：

- 你觉得本节课的重点是什么？
- 关于批判性素养，你学到了什么？
- 为了帮助你学习批判性素养，教师做了什么？
- 你觉得为什么我们要学习批判性素养？
- 当你的观点和教师相悖（或与全班大多数同学相悖时），你有多大的自信表达自己的观点？为什么？
- 如果你是教师，你会怎么帮学生学习批判性素养？
- （针对一个具体文本）你会问哪个批判性素养问题？为什么？

如果教师想要更为松散的日志形式，他/她可使用对话日志，鼓励学生就任何他们所选的话题撰写日志，教师则采用结构严谨的评价和问题进行回复。这些评价和问题应当有助于培养学生未来的批判性分析能力。

(电子)作品集

很多老师应该熟悉作品集这一“学习测评”和“为了学习测评”工具（Butler & McMunn, 2006; James 等, 2006; Valencia & Calfee, 1991）。巴特勒和麦克穆恩（Butler & McMunn, 2006）把作品集定义为“一个展示学生努力程度、进展状况或能力水平的**目的明确的**综合性学生作品集合”（p. 66）。他们描述了五种有益于测评的作品集：作品臻选、收藏品、成长、技能、能力或进步。单纯只看这五种作品集的名称，想必大家也能明白它们的内涵。作品臻选一般是艺术作品或写作稿，是学生最佳作品的合集。收藏品作品集则是反映学生兴趣和态度的物品的集合。成长作品集可能是课堂

中最常见的作品集合，反映了学生技巧或能力的变化。技能作品集展示学生在特定领域的能力。最后，能力或进步作品集呈现证据，证明学生符合特定标准。

电子作品集利用了赛博 2.0 时代提供的通信工具(Beach 等，2009)。例如，明尼苏达大学英语系的学生可以：

> 上传一个必交文档的草稿，在上面注释问题和评论；写下对文档某一方面——如话题、读者、目的或问题——的反思后，以电子文档的形式分享给一个或几个同伴、讲师、和/或顾问，并要求对方反馈。(Beach 等 2009, p.172)

对于教师和学生来说，灵活性是电子作品集的优势之一。不过，如果它仅被视为“一个电子文件柜”，其潜力无法得到充分发挥(Beach 等，2009, p.174)。

商业化的电子作品集工具(Beach 等，2009)因为价格昂贵、灵活性不足而饱受批评(Beach 等, 2010)，但学校和教师没必要购买这些工具，因为博客和维基百科也可被当作电子作品集来使用(Beach 等，2010)。“普通”的博客或维基百科和被改造成电子作品集的博客或维基百科间的区别，在于学生对自身作品的自我反思程度。

无论你选择纸质作品集还是电子作品集，作品集测评的关键都在于反思(Kimball, 2005)。迈尔斯·金博尔(Miles Kimball, 2005)在讨论作品集教学时解释道：

> 反思是全部作品集教学的基础。我们收集的原因正在于此：我们可以反思我们做了什么。反思是我们建立起成熟审慎的选择标准的原则。若无反思，作品集的创造将会沦落为单纯的记录。(p.451)

也就是说，如果不鼓励学生反思他们的作品，作品集的学习潜力就丧失殆尽(Beach 等，2010)。只有将反思作为作品集教学的关键组成部分时，作品集才能提供丰富的证据来促使学生自我测评，即进行“作为学习的测评”(James 等，2006)。

哈里森(Harrison, 2004)认为作品集测评和后现代主义的测评原则一脉相承。他认为作品集测评：

> 对师生都有直接的益处。它强调个体，使用广泛的证据来源，为真实的阅读任务提供空间，给读者一种获得感，最终让他们成为自身表现的辩护人和拥有权威地位的意义制造者。(pp. 168 - 169)

因此，作品集和其他测评工具结合之后，可以让测评实践与我们的批判性素养理论保持一致。

作品集测评工具的局限之一在于管理学生作品集的信度和效度难度大(Valencia & Calfee, 1991)。也就是说，很难判断对学生作品集的评估准确与否。不过，如果师生共同使用作品集来指导未来的教学和学习，会大大减少对其学习测评(或总结性测评)的信度和效度的疑虑。作品集测评的另一局限是时间。就像本章中讨论到的大多数工具一样，作品集测评工具效果的实现也需要师生投入充足的时间(Valencia & Calfee, 1991)。

作品集或电子作品集如何支持批判性素养教学？可能的形式颇多。教师可以要求学生为以下几个方面提供证据并进行反思：

- 文本和个人经验间的关系
- 多元视角
- 包含与排除
- 再现
- 文本对思维和行动的影响

自我测评工具可以促进作品集的创造和反思。学生也可以使用同伴测评标准开展小组合作，或与教师会面进行讨论(Beach 等，2010)。

学习故事

新西兰幼儿教育已经开始采用故事记录错综复杂的学习过程。故事作为一种测评手段反映了特法瑞奇课程（Ministry of Education, 1996）——幼儿教育课程（Carr, 2001; Carr 等, 2002）——的原则和教育方向。学习故事始于对课堂上儿童的观察。它由四个方面构成：描述、讨论、记录和决策（Carr, 2001）。

故事对我们老师极具吸引力。我们一直在讲故事。我们用这些故事理解我们的学生和教学（Connelly & Clandinin, 1990）。越来越多的人在教育研究中将以故事为工具，"捕捉我们处理现象的复杂性、特殊性和互联性"（Carter, 1993, p.6）。构建学习故事的第一步是描述一个学习事件。在幼儿教育中，这个学生事件应该能涵盖五大特法瑞奇教育方向（Carr 等, 2002）中的一个或者更多方向。如果我们在批判性素养中应用学习故事，首先我们得描述一个学习片段；该片段应该涉及我们对批判性素养理解的一个或更多关键因素（如：包含、排除、所有读者都会把不同的知识和经验带入文本中等）。描述是为了强调学生能做什么（Carr, 2001），而不是从负面角度看学生不能做什么（Bishop, 2005）。

下一步是和同事、学生和家人一起讨论学习片段（Carr, 2001）。这些讨论有多重目的，既可以让学习故事成为"为了学习的测评"，也可以让它成为"作为学习的测评"。在批判性素养中，和学生一起讨论事件让师生重新回顾批判性素养的关键要素。教师也可借讨论这一机会给学生提供反馈——这正是形成性测评（或称"为了学习的测评"）的核心要义（Swaffield, 2008; Taras, 2005）。在讨论时，教师也有机会表扬学生的能力。

这一步更深刻的意义在于：师生间的讨论让学生有机会参与到学习故事的建构之中。讨论也可在教师和学生家长/照顾者之间进行。这种讨论使用通俗易懂的故事，将批判性素养的核心要素传递给家庭。最后，如果教师和同事讨论学习故事，他们可以反思批判性素养的理解和教学，得到职业成长的机会。

第三步是记录学习事件（Carr, 2001）。记录方式多种多样，包括图 20 的模板、照片、学生作品扫描甚至录像。学生和家长/照顾者的学习故事也可以采用图 21 的模板进行整合。学生和/或家长/照顾者的故事能补充信息，提供一幅更加清晰的学生文本分析者成长画像。

姓名：　　　　　　　　　　　　　　　　　　　　日期：

和提纲的联系	重点	√	学习故事
所有读者都会把不同的知识和经验带入文本中	学生识别出文本和个人经验/知识间的联系		
读者以不同的方式理解文本	学生识别出多元视角		
人们选择包含谁/什么，所以有些人或事可能会被排除	学生认识到文本中的包含和排除问题		
人或事再现的方式是经过选择的	学生认识到在文本中的人、动物或话题是如何被再现的		
我们可以逐渐意识到文本是如何影响我们的思想和行为的	学生认识到文本对他/她的思想的影响		

讨论（什么样的学习发生了？）	决定（下一步去哪儿？）

图 20　批判性素养学习故事

来源：Carr, 2001, p.146

第四步，也就是最后一步，是决定下一步往哪儿走（Carr, 2001）。和讨论一样，这一步与学习故事的形成性测评功能有关（Earl, 2003）。换言之，如果在比较“学生能做什么”和“学生有什么样的可能性”时，我们“可以采用获取的信息来缩小这一差距”，则学习故事可以被视为一种形成性测评（Black & Wiliam, 1998a, p.53）。

总结

在本小节，我们探索了教师可能希望试用于批判性素养教学的几种工具。我们建议将“排查已知之域”（Clay, 1979）这一工具作为教师理解学生学习情况的起点。其他教师可能熟悉的工具包括：访谈、测评标准、日志、（电子）作品集和学习故事。每一种

学生和/或家长评论

学生姓名: **日期:**

讲述者(学生/家长/照顾者):

和提纲的联系	重点	√	学习故事
所有读者都会把不同的知识和经验带入文本中	学生识别出文本和个人经验/知识间的联系		
读者以不同的方式理解文本	学生识别出多元视角		
人们选择包含谁/什么,所以有些人或事可能会被排除	学生认识到文本中的包含和排除问题		
人或事再现的方式是经过选择的	学生认识到在文本中的人、动物或话题是如何被再现的		
我们可以逐渐意识到文本是如何影响我们的思想和行为的	学生认识到文本对他/她的思想的影响		

图21 批判性素养学习故事:学生和/或家长评论
来源:Carr, 2001, p.146

都可在调整后应用于批判性素养教学之中。我们要记住:任何一个单一的工具都不足以完全捕捉学生的批判性素养学习轨迹。最后,不要忘记:师生需要定期反思,持续不断地调整工具。“反思时刻”里的问题可以帮助我们反思和调整测评工具。

反思时刻

- 你会使用哪些测评工具?为什么?
- 你选择的工具的优点和缺点是什么?
- 这些工具有没有鼓励学生思考包含、排除、再现等问题?
- 这些工具是否鼓励学生应用他们自身的知识和经验,即“知识储备”?
- 这些工具是否鼓励学生构建文本的多元意义?
- 这些工具是否促使学生思考文本分析如何影响他们的思想和行为?
- 这些工具对教师和学生的定位是什么(专家、新生、能力欠缺者等)?

小结

本章开始之时，我们思考了与测评有关的理论和实践。在我看来，我们在选择测评工具去辅助批判性素养教学时，务必要小心谨慎、不断反思，确保它始终与我们倡导的批判性素养理论保持一致。正如研究项目中一个学生所发现的，“批判性素养让你的大脑思考”（SRI, Year 5/6，3/4/07, p. 4）。然而，目前教师很难使用手头的标准化工具测评批判性素养（Fehring, 2005; Mills, 2008）。我们在本章讨论了六种有效的测评工具，可供教师调整后应用于各自的教学情境中。本章只提供了一个案例，以说明在帮助师生进行更多样化的素养实践时，“测评工具……［可能是］有用的”（Morgan & Wyatt-Smith, 2000, p. 130）。

如果我们能把讨论过的测评工具放置到一个更大的测评策略库里，它们的应用前景会更加广阔。例如，卡兰兹斯、寇普和哈维（Kalantzis 等，2003）倡导将项目测评、绩效测评、集体测评和作品集测评视为灵活的测评形式；这些形式“融合于反映对学习、素养和社会的当代理解的过程之中”（Johnston & Costello, 2005, p. 265）。我相信如果师生合作参与工具的开发和调整，这些工具能发挥更大的潜力（也请参见 Fehring, 2005）。测评目标和形式的共同建构可以帮我们避免“假象”（Cumming & Maxwell, 1999），即粉饰一种传统形式的测评，并把它“包装得像真的”一样（p. 188）。

在引言中我们说过，目前新西兰的测评活动提倡学生更加积极主动地参与测评实践（Cumming & Maxwell, 1999）。批判性素养测评未来的希望是与学生合作，共同调整本章讨论的任何测评工具，并开发新的工具（Fehring, 2005）。在本书提到的批判性素养研究项目中，我们发现学生会慷慨建言、提供批判和改进建议。比如，当我们问“如果你是教师，你会怎么帮助学生学习批判性素养”时，一个学生回答：“嗯，可能……教师不会一直提问，可能学生可以问一些问题。”（SRI, Year 5/6，24/8/06, p. 6）此类学生建议说明我们还需要进一步研究和探索以改善批判性素养教育。

最后，我很清楚批判性素养理论和目标与批判性素养测评之间的紧张关系

(Morgan & Wyatt-Smith, 2000)。但同时我们也坚信测评与教学齐头并进(Bouffler, 1992);换言之,理论和实践密不可分、缺一不可。因此,虽然我们一直反对将这些工具标准化,但是同样我们也希望这些工具可以帮助其他对批判性素养感兴趣的教师和研究者。在此,我想强调的是:我相信本章探讨的工具之所以潜力巨大,是因为它们直接来源于批判性素养研究团队的批判性素养理论和实践。换言之,这一"本地化过程"能极大地影响批判性素养理论和实践的发展,帮助学生以更有意义的方式理解文本。

研究者:批判性素养对你来说意味着什么?

学生 3:人们如何通过文本再现他们的思想。

学生 4:我们如何诠释文本,我们如何从文本中获得不同的意义。

学生 1:唔,不同的人如何以不同的方式书写文本,还有他们没有放到文本里的东西。

(SRI, Year 7/8,21/6/07, p.2)

拓展阅读书目

"为了学习的测评"

Black, P., Harrison, C., Lee, C., Marshall, B., & Wiliam, D. (2003). *Assessment for learning: Putting it into practice*. Maidenhead, Berkshire, UK: Open University Press.

Earl, L. (2003). *Assessment as learning: Using classroom assessment to maximize student learning*. Thousand Oaks, CA: Corwin Press.

Swaffield, S. (Ed.). (2008). *Unlocking assessment: Understanding for reflection and application*. London, UK: Routledge.

反馈

Hattie, J., & Timperley, H. (2007). The power of feedback. *Review of Educational Research*, *77*(1), 81–112.

Swaffield, S. (2008). Feedback: he central process in assessment for learning. In S. Swaffield (Ed.), *Unlocking assessment: Understanding for reflection and application* (pp. 57–72). London, UK: Routledge.

自我测评和同伴测评

Clarke, S. (2005). *Formative assessment in the secondary classroom*. London, UK: Hodder & Stoughton.

Earl, L., & Katz, S. (2008). Getting to the core of learning: Using assessment for self-monitoring and self-regulation. In S. Swaffield (Ed.), *Unlocking assessment: Understanding for reflection and application* (pp. 90–104). London, UK: Routledge.

测评工具

Carr, M. (2001). *Assessment in early childhood settings: Learning stories*. London, UK: Paul Chapman Publishing.

Clay, M. M. (1979). *The early detection of reading difficulties*. Auckland: Heinemann.

Gambrell, L. B. (1985). Dialogue journals: Reading-writing interaction. *The Reading Teacher*, *38*(6), 512–515.

Hammett, R. F. (2007). Assessment and new literacies. *E-Learning*, *4*(3), 343–354.

Valencia, S. W., & Calfee, R. (1991). he development and use of literacy portfolios for students, classes and teachers. *Applied Measurement in Education*, *4*(4), 333–345.

第六章　倾听学生:"何时我才能找回自己的声音?"

本章系与斯考特·克莱纳合著

引言:倾听学生

倾听学生看起来再简单不过了,但视学生为任何教育系统中心的念头听起来有些荒唐。虽然在过去的半个多世纪里,以儿童为中心的教育在文献中频频出现(Archambault, 1964),但这一运动只把孩子看成课程开发和教育结构的核心起始点而非设计者。成人观察孩子的世界,根据观察到的儿童发展过程和结果来制订计划。皮亚杰的孩子可以建构他自己世界里的知识,但他完全无法参与这个既解放又束缚着他的教育体系。

在1978年《教育评论》(*Educational Review*)特刊里一篇关于学生声音的编者序中,罗兰德·梅甘引用了一名15岁学生的话:

> 我觉得教师根本不理解学生的问题。他们停不下来,也没有耐心倾听或理解我们。如果他们能做到这些,师生关系会得到改善。(Meighan, 1978, p.91)

十年之后,乔纳森·科卓尔(Jonathan Kozol, 1991)发现这种现象依然存在:

> 最近这些年来,在教育"高峰会议"、措辞严厉的报告或前景堪忧的解决办法中,我们对学生的倾听是不充分的。坦白来说,孩子的声音在所有讨论中都是缺席的。(p.5)

同年,米歇尔·福兰(Michael Fullan, 1991)问:"如果我们重视孩子的意见会怎么样？"（p. 170）如今距这些观点发表已经过去了 20 年，我们逐渐观察到所谓"重视声音的时代精神"（Rudduck, 2006, p. 133）。然而任何东西一旦被称为"时代精神"，可怕之处就在于它来得快去得也快。我们在本章的观点是：虽然我们应当批判性地反思听到的内容，但倾听学生永不过时。

批判性素养研究团队认为，在课堂上实施批判性素养策略时，倾听学生必不可少。通过询问学生，我们能够更深入地理解我们的行为是否有效。但新西兰教师政策中并无直接指令要求教师与学生协商。不过，教育审查办公室（Education Review Office，简称 ERO）经常鼓励学校向学生征求意见，并将其作为自我审查的一部分（Education Review Office, 2010），而且，

> 如果有证据显示学校没有做到，教育审查办公室可能需要直接和社区成员交流，询问他们的意见。在审查过程中，教育审查办公室会酌情从学生和家长，或者对于毛利人的 Kura 则是从 Whānau① 那里，获取信息。（p. 2）

除此之外，新西兰的其他教育政策均未提及本章将探讨的倾听学生的方式。

在过去 30 多年内，教育改革和研究愈发重视学生声音的使用（Cook-Sather, 2006b）。研究者认为学生声音可以改善教学和学习，促成学校改革（Rodgers, 2006; Smyth, 2006）。学生声音指学生对既定话题的意见或观点（Cook-Sather, 2006b），也可以指参与实践和政策决策的能力和/或机会。换言之，"有一个声音——有一个存在、权力和能动性……意味着有机会直抒胸臆，被人倾听，受人重视，或许能对结果产生影响"（Cook-Sather, 2006b, p. 363）。通过刺激回忆访谈在批判性素养项目中的应用，我们把学生声音理解为：了解学生如何理解批判性素养，以及如何看待我们开发的批判性素养教学的方式。

本小节的剩余部分将用于探讨大量学生声音文献的理论基础：权利话语。根据这

① Whānau 是毛利语中家庭的意思。Kura 做名词时在毛利语中的意思是学校。

种话语，学生有权发表观点以及被人听到。最后，我们将讨论学生声音中无可回避的权力问题。

权利

1989年联合国通过了《儿童权利公约》(*United Nations General Assembly*, 1989)。1993年新西兰通过了这一公约。该公约共有54个条款，包括儿童接受抚养(教育、医保)、受到保护(不受虐待或歧视)和参与(包括政治参与和公民参与)的权利(Smith & Taylor, 2000)。倾听儿童、尊重儿童观点出现在第12条：

> 1. 缔约国应该确保有主见能力的儿童有权对影响其本人的一切事项自由发表意见，对儿童的意见应该按照其年龄和成熟程度给予适当的对待。
>
> 2. 为此目的，儿童应特别有机会在影响到儿童的任何司法和行政诉讼中，以符合国家法律中诉讼规则的方式，直接或通过代表或适当机构陈述意见。(United Nations General Assembly, 1989)

虽然该条款并未明确提到教育，但和学生协商的理念常常引用它作为基础性原则。劳拉·兰迪(Laura Lundy, 2007)认为，对所有通过《儿童权利公约》的国家来说，遵守第12条“不仅能培养积极的学校风气和更好的公民，也在遵守一项法律和道德义务”(p. 939)。也就是说，接受学校教育的孩子有权利被倾听，被听见。

不少研究学生声音的作者在文献中都提到权利话语，提倡人们倾听学生并根据他们的意见采取行动(Cook-Sather, 2006b; Fielding, 2004a; Flutter & Rudduck, 2004)。例如，约翰·麦克比斯、海伦·迪米崔、让·鲁德克和凯特·迈尔斯(MacBeath等, 2003)在为教师提供资源时引用了第12条，解释说“年轻人有权利被倾听，他们的学校经验能提供宝贵的意见”(p. 2)。其他作者则把学生被倾听的权利和“一个复兴的民主社区”(Prieto, 2001, p. 87)联系起来。

学生声音文献中的权利话语和一些批判性素养文献作者都共同追求民主的理念。

读者可能熟悉这样的民主定义:“人民的权力”(Powell 等,2001, p. 773)。本杰明·巴博(Benjamin Barber, 1984)描绘了他设想中的“强民主”:参与者不一定利益一致,但他们都拥有公民教育培养出的公民意识。公民或民主教育的目的是:

> 让个人参与进来,帮助他们发展必要的技能和态度,让他们可以并愿意为建设一个充满活力、平等和人道的社会作出贡献。(Cunat, 1996, p. 130)

研究者发现,如果有人向学生征求过他们对教育的意见,这些学生就能掌握更多的公民知识,在成人后更愿意参与投票之类的民主实践(Flutter & Rudduck, 2004)。如果我们通过倾听学生的声音来改变教学和教育,公民教育的价值观现在就能实现,而不仅仅是让学生为遥远的未来做好准备(Rudduck, 2007)。

在瑞贝卡·鲍威尔(Rebecca Powell, 1992)等作者看来,素养教育的首要目标之一是让学生为交流和民主参与做准备。她和她的同事苏珊·钱博斯-坎崔尔和桑德拉·艾德姆斯(Powell 等, 2001)解释道:“批判性素养假定素养教育可以赋予权力,带来改革行动”(p. 773)。采取行动是民主重要的组成部分。例如,玛丽·居纳特(Mary Cunat, 1996)在描述民主教育的目标时,认为我们必须培养学生“参与、挑战和改变他们所生活和工作的社区的必要技能和意愿”(p. 149)。批判性素养研究团队认为批判性素养也属于这些技能。

就这样,在以权利话语为基础的学生声音文献和视批判性素养为学生民主参与预备的批判性素养文献之间,我们找到了某种联系。通过将学生培养成文本分析者,我们鼓励他们参与民主,因为他们在面对不平等时已经拥有了“挑战和改变”它们的工具(O'Quinn, 2005)。而且,倾听学生也是一种指导教学的方式,我们也因此尊重了学生“在学校生活中的民主参与”的权利(Taylor & Robinson, 2009, p. 161)。

但是,即使我们相信学生有被倾听的权利,权力问题并未消除。我们无法保证学生开口之后,他们的声音会立刻被听到或他们的忧虑能立马得到解决。我们在下一小节会探讨关于权力的不同概念和它们对学生声音的影响。

权力和学生声音

学生声音运动的核心是权力问题。人们一般认为教师比学生拥有更多权力；大多数时候也的确如此。人们还认为倾听学生可以带来师生权力关系的转移。比如，"在建设一个学习社区时，倾听学生声音的能力是……建立关爱和赋权性关系中最重要的促成因素"(Hamilton, 2006, p.128)。在本小节，我们会在思考倾听学生声音中权力的角色时探讨这一赋权的观点。

在第二章，我们讨论了批判性素养教育和研究的两大核心理论框架：批判理论和后结构主义理论。这两个理论流派都关注权力，但对权力的定义不同。后结构主义理论认为权力不由某一群体持有，无法像自然资源一样被随意调用；权力不能被交易、争夺、继承。它生发于人们的权力关系之网，是话语位置影响下的产物(Davies, 2000)。以师生关系为例：一般来说教师拥有更多权力，但在后结构主义者眼中，权力并非某人的所有品；我们应该将它视为行动者关系(即师生关系)的产物。被视为网络的权力更加具备流动性，在学校里随时都可能发生转移。比如，如果学生极其擅长某类活动，此时师生间的权力关系就可能发生转移。从学生声音的角度来看，如果教师既愿意倾听学生意见也愿意采纳他们的建议，那么学生此时在教育社区就拥有了更大的权力。因此，在任何时刻，教师都有可能比学生拥有更多或更少的权力。

另一方面，在保罗·弗莱雷的批判理论中，权力是一些人的专属品。例如，主导群体"拥有权力"(p.357)而从属群体关注"夺权"(p.359)。在他眼中，权力一定是要被夺取和被转变的。[①] 从弗莱雷的批判理论角度来看，学生声音是学生获得权力(Freire, 1999)或"自我解放"(Freire, 1999, p.26)的机会。

当批判理论被应用于课堂实践时，其形式即批判性教学：

---

① 虽然有人批判弗莱雷的二元类别建构，认为他对建构的经验观过于简单化，但我们在此没有足够篇幅充分深入地讨论这些批评意见(相关批评，参见 Taylor, 1993)。

> 批判性教学对以下方面进行思考、协商和转变，即课堂教学、知识生产、学校结构之间的关系，以及更大层面上社区、社会和民族国家之间的社交和物质关系。(McLaren & Torres, 1999, p.66)

虽然存在不同的批判性教学法，它们却"目的一致：**赋权**边缘群体、改变社会现存的不平等与不公正"(Morrell, 2004, p.21)。①

伊丽莎白·艾尔斯沃斯(Elizabeth Ellsworth, 1989)的一条批判经常被人引用：对学生声音的简单化理解是"压迫性的迷思"(p. 297)。之所以被称为迷思，因为它并未考虑到个人主观视角的复杂性，也无法解释课堂上转移的权力关系的复杂性。换言之，在任意一天，在任意时刻，我们都属于特定的性别、民族、阶级、性向或能力(无能力)群体。这些群体身份的特定构成无时无刻不在决定我们是否能够或愿意分享自己的声音：

> 依据他们/我们在某个特定时刻所拥有的反抗的力量，他们/我们在有意或无意评估过权力关系和情境安全性之后，才决定他们/我们说什么、对谁说、在什么语境下说。(Ellsworth, 1989, p.313)

也就是说，如果我们认可权力关系的流动性，我们在思考学生声音的潜力时就不得不承认其局限性。

面对这些可能的局限性，我们能做些什么呢？虽然权力问题提醒我们在利用学生声音时慎之又慎，但如果因噎废食，因为害怕犯错就回避学生声音也非明智之举。但是，我们确实应该用批判性素养的视角来审视学生声音如何指导教学。因此我们可以问自己：

---

① 虽然和学生声音的目标、批判性素养和批判性教育有关的赋权概念饱受争议，不幸的是我们没有足够篇幅在此讨论(一些相关批评，参见 Ellsworth, 1989; Gore, 2003; Orner, 1992)。

- 哪些声音被包含了？
- 哪些声音被排除了？
- 我是否真的相信这些声音？
- 对于可能决定学生说话意愿和能力的权力关系，我是怎么理解的？
- 我如何再现这些声音？
- 在这些声音的其他解读里，有哪些是我未曾考虑到的？

本章的小标题“何时我才能找回自己的声音？”是由一个学生提出的。该学生刚刚上过一节批判性素养课，正准备参加一场访谈，聊聊他对那节课的看法。当我们向学生解释，刺激回忆访谈内容的录音会被转化为文字稿时，他给出了这样的评价。我们发现访谈的确能够有效地提醒我们学生有权利被倾听，但作为教师我们也得意识到收集学生声音过程中涉及的权力关系。也就是说，我们要反思我们是如何收集这些声音的、我们是如何倾听它们的、我们如何在反馈学生时告诉他们这些声音是如何指导我们的批判性素养教学的。

我们在引言中探讨学生声音文献时，提到了权利话语和权力关系问题。接下来我们将审视使用学生声音指导批判性素养教学的潜力和风险。然后我们会讨论批判性素养研究团队在倾听学生时得到了哪些经验教训，再去探索让学生发声的不同方式。

反思时刻

- 你想倾听学生的声音吗？为什么？
- 你曾经收集过学生声音吗？你是怎么做的？你发现了什么？如果你现在去做，你的做法会和之前的做法有什么不同？
- 当你考虑利用学生声音反思你的批判性素养教学时，哪些关于权利或权力分享的话语给了你启示？为什么？

学生声音:潜力和风险

就像任何教育策略一样,学生声音既有优点也有局限性。在本小节,我们会探索学生声音之路上的荆棘与玫瑰,让我们更好地欣赏玫瑰,(如果有可能)避开荆棘。

学生声音的潜力(玫瑰)

教育工作者对学生声音感兴趣理由众多。在引言部分我们提及学生声音与权力问题相互交织。但权力并非总是消极的;它也是生产性的(Foucault, 1980)。从学生声音中绽放出的最硕大的一朵玫瑰就是它可以赋予学生权力和意义(Cook-Sather, 2010)。这给予了学生新的角色和责任。当我们用学生声音反思教学和学习时,它“不仅可以带来更丰富深刻的思考,而且可以转变传统的师生关系并因此改变教和学的过程”(Cook-Sather, 2008, p.476)。正如我们在第三章里谈到对话时说过的那样,虽然这种重新定位只是短暂的,它的威力却不容小觑。

重新定位学生地位的结果之一是鼓励教师从不同的角度思考教学(Cook-Sather, 2010)。例如,弗蒂妮·米松尼(Fotini Mitsoni, 2006)通过访谈收集学生声音,试图了解是什么让学生感觉无聊,是什么让他们更愿意参与到课堂活动中来。她发现学生希望自己能在课堂上更加主动活跃:“我没机会说出自己想法的时候就会很无聊。”一个学生说(p.164)。米松尼现在依然使用学生声音来指导她的教学。

因此,有了学生声音,教师有更多的机会进行批判性反思(Mitsoni, 2006)。此处批判性反思指的是:

> 在批判性层面上思考,教师必须要看到情境的不同角度,发现其他解决方案的基本原则。教师必须考虑到问题背后更广阔的社会、政治、道德和经济背景。(Yost 等, 2000, pp.46-47)

如果我们要反思自己的批判性素养教学,就得再次以批判性素养的眼光审视实践这一活生生的文本。学生声音可以提示教师自问:在这节批判性素养课上,学生是如何被建构的?或者:在当前被建构的批判性素养教育中,谁从中获益?

如果我们仔细探究多样化的学生声音,我们可以发展出"学校教育的元视角"(MacBeath, 2006, p.204)。在一项被描述为"野心勃勃到难以置信"(MacBeath, 2006, p.195)的研究中,学生们跨越国境线,在一个间隔年里以研究者身份探索六所不同学校的教学和学习。在该项目进行期间,研究者鼓励参与的学生反思学校教育是否"允许他们的声音被听到"(MacBeath, 2006, p.196)。这样一来,学生声音研究项目同时改善了参与学生和教师的思维方式。有了此次经历,有些学生很难再回到忽视自己声音的教育环境了。

学生声音的最后一个好处(即玫瑰)是它让学生参与学校教育的其他方面,而这些方面也能够影响教学和学习(Flutter, 2006)。在朱利亚·弗拉特(Julia Flutter, 2006)描述的一些学生声音活动中,学校与学生商议如何改变学校的物理环境以改善学习。学校还跟学生共同商讨过学校的美观和视觉问题、学校空间的利用和学校的布局。学生不仅可以指出需要改进的方面,还可以提出改进意见。

学生声音的风险(荆棘)

我们不能只考虑学生声音对学生、教师和研究者的好处,更要明白在教学或学习时利用学生声音的局限性或一些警示。当然,用荆棘为喻可能有点夸大其词。主要的局限性——或者说是一个相当明显的警示——是这么一种想法:我们不想听学生说的所有东西。

在有些研究者看来,如果我们希望倾听学生声音,就要学会"从我们不想听的声音中学到东西"(Bragg, 2001, p.70)。萨拉·布莱格在她的文章里坦白承认,在她教师生涯早期,学生对她教学的评价让她非常震惊、深感羞愧,因为这些评价似乎在大肆嘲弄她在媒体研究课堂上的全部努力。她发现我们可能会从一些"似乎不信守承诺——那些看起来难以理解、食古不化甚至充满恶意"(p.70)的声音中学到更多的东西。如果我们能审慎地利用“不驯”之声来批判性地反思我们的教学实践,哪怕只是暂时性地搁置我们的情绪反应,我们就可以从中获益。

这并非易事。米歇尔·欧洛林(Michael O'Loughlin, 1995)在一个案例中描述过职前教师对批判性教育的排斥。一个主要由白人中产女性学生构成的发声团体表达了他们的忧虑:对自传和文化多元的儿童文学的关注和“……在那里成为一名教师”之间没有任何关系(p. 113)。在欧洛林(O'Loughlin, 1995)看来,这类批评固然逆耳,但我们确实需要为职前教师提供实践的示范,即进行批判性反思并因此采取行动(Freire, 1999)。他也注意到如果我们不够小心,抵制的声音就会压倒所有其他声音。

欧洛林的观察带着我们进入下一个话题:兼听不易(Flutter, 2006)。彼德·约翰逊和约翰·尼克斯(Peter Johnston & John Nicholls, 1995)指出有些学生可能根本不愿意分享自己的声音。他们沉默,是因为他们觉得没有什么有价值的内容可供分享,或是因为他们尊重教师、不愿意唱反调。这个时候,教师需要做的就不仅是敦促学生发声;教师可能还得向学生证明他们一直以开放尊重的方式倾听学生声音,让学生明白教师确实重视他们的声音。学生声音另一条发展方向是用不同的方式收集和倾听学生声音,关注哪些学生愿意分享,哪些学生不愿意。面对那些不愿经常性发声的学生,教师可能要和他们直接交流,鼓励他们说出自己的看法,并让他们在发声时感到安全自在。

学生声音最后的局限性(荆棘)是它可能会固化不平等的权力关系。我们选择倾听哪些学生,我们就可能无意间固化学生间的等级关系。正如戴安娜·雷(Diane Reay, 2006)在其作品中发现的那样,如果我们盲目听信学生声音而不去批判性地审视我们到底听到了什么——甚至有时候我们没有听到什么,学生之间的性别、种族、阶级的分界线可能会得到固化(也请参见 Ellsworth, 1989)。除了固化不平等的学生权力关系外,关注学生声音的工作还有可能是“压制性的”(Cook-Sather, 2007),即它可能会强化师生间不平等的权力关系。例如,菲尔丁(Fielding, 2004a)就关注到学生声音的工作可能会是“仁慈和善但居高临下,(或)愤世嫉俗并带操纵性,(或)鼓励且具有开创性的”(p. 200)。如果我们不想把自己的想法强加到学生头上,不想弱化或忽视学

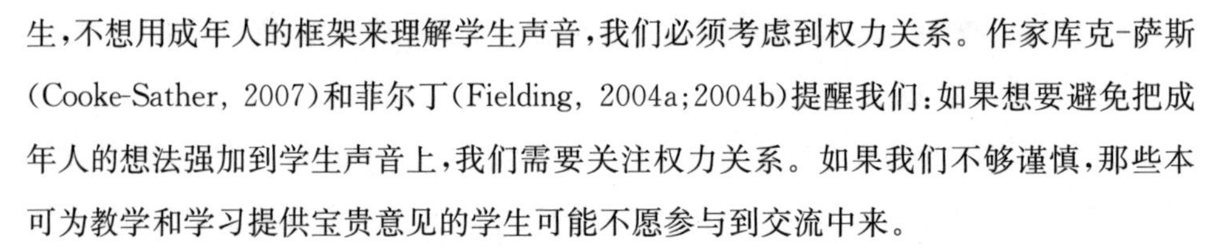
生,不想用成年人的框架来理解学生声音,我们必须考虑到权力关系。作家库克-萨斯(Cooke-Sather, 2007)和菲尔丁(Fielding, 2004a;2004b)提醒我们:如果想要避免把成年人的想法强加到学生声音上,我们需要关注权力关系。如果我们不够谨慎,那些本可为教学和学习提供宝贵意见的学生可能不愿参与到交流中来。

在本小节我们研究了学生声音的一些玫瑰与荆棘。当一名高中生参与了一个针对职前教师的教学和学习提供反馈的项目之后,他表示:“掌握教学艺术的最佳方式就是真正地倾听学生的反馈并根据学生的意见做出改变。”(Cook-Sather, 2006a, p. 345)虽然我们赞同这一结论,但是也想提出一些警告。首先,之前提及,学生属于变动不居、多种多样的身份群体;也就是说,他们在有些语境下可能没有权力,而在另一些语境下又能夺回权力。每次使用学生声音时,这一点都不应被忽略。正如库克-萨斯(Cooke-Sather, 2007)指出的,我们无法一劳永逸地解决所有的这些复杂性事项。我们需要一次又一次地故地重游、故事重思。我们再次强调:欣赏玫瑰,但警惕荆棘。

反思时刻:

- 对于你和你的教学实践来说,学生声音的玫瑰和荆棘是什么?为什么?
- 你会如何避免荆棘、倾听学生声音(或者说利用玫瑰)?

倾听学生:我们能学到什么?

我们之前提过,批判性素养研究项目中的学生声音是指通过刺激回忆访谈了解学生如何理解批判性素养,以及如何看待我们开发的批判性素养教学。这些信息被反馈给参与项目的教师,让我们更加深入地理解研究项目。在本小节,我们会介绍我们从收集和倾听学生声音中学到的两节课。

讽刺的是,虽然我们对学生和教师、研究者和研究对象之间的权力关系有了如此多的理论知识,但我们好不容易学来的第一课是:需要让学生知道他们被倾听了。首先,我们一起来观察一个小学里的高年级课堂,这个小学实施批判性素养教育有两年之久。这个班级的学生在批判性素养的理解上取得了惊人的进步,但在课程快结束时却遇到了瓶颈。可能的原因之一是学生认为他们的声音不再那么有价值了。换言之,我们认为学生之所以不再重视和研究者分享声音的机会,是因为在他们看来,研究者只是邀请他们说话,却没有听到他们真正说了什么。当然,这只是我们对信息的一种解读方式。但是如果你对学生声音的理论和实践有兴趣,确实有必要考虑这种可能性。

通过对三场刺激回忆访谈的分析,我们认为在这一年里学生越来越反感访谈。但在最开始的访谈中,这种反感发言的情况压根不存在。孩子们争先恐后地回答每个问题;他们从未在发言时流露不满情绪:他们看起来兴致勃勃、乐于分享。这个时候,采访者和受访者依然处于传统的角色身份里,即采访者作为权威控制着对学生而言相对陌生的情境。采访者当然没有身穿白大褂,但这种正式的访谈氛围对大多数新西兰小学生来说可能相当陌生。当时也没有视频设备,只有一台录音机、一个书写板,两个来自大学的成年人问孩子一些不同寻常的问题。在研究项目里使用学生声音的一个重要前提是:人们很少让孩子阐述他们对批判性素养学习经验的看法。

其他参与的学生也认同这一感受。他们不习惯有人向他们征求意见。

> 研究者:有没有人问过你,如果你是教师你会怎么做[来帮助学生学习]?
>
> 学生1:没有。
>
> 学生2:没有过。
>
> (SRI, Year 9,2/4/07, p.3)

因此,在最初的访谈中,身处陌生环境的学生的行为举止并未挑战默认的权力关系,这一点丝毫不足为奇。

第二次访谈时,学生已经更加习惯这一流程了。他们互相开玩笑,在其他人回答时抢着发言、同时说话或补充发言,总体来说表现得非常自在。

研究者：教师还可以做哪些事情？

学生1：唔，我想说……是的，如果老师做得不够好，惩罚他们。

学生2：让他们做二十个[俯卧撑]。

学生3：那也太残忍了。

（许多人都在说话）。

（SRI, Year 5/6, 8/6/06, p.8）

他们也开始质疑这个研究项目的意义，挑战默认的采访者权威地位：

研究者：好的，我们回顾下批判性素养对你的意义……是的，我们每次都会问这个问题。

学生2：每次？

研究者：是的，每次。

学生2：我们可以隔一回问一次吗？

研究者：不行，不过这个建议不错。

（SRI, Year 5/6, 8/6/06, p.3）

但是，当问到和学习有关的问题时，学生们多数情况下的回答依然看起来是真诚且经过仔细思考的。

当然，至少有些回答是学生揣测我们想听到什么之后的结果，有些回答只是为了开玩笑、引起某个同学的注意或单纯地想搞搞破坏（比如故意把问卷的答案填错）。我们不能完全排除掉这些可能性。例如，有一次，学生明显是在拖延访谈时间；他们说只要能翘掉数学课，他们什么都愿意说。

研究者：还有人要说些什么吗？

学生6:有许多想法,这样我们就能占掉数学课的时间了。

许多学生:想,想,想,想,想。

研究者:就这么一直想到12点,然后我们就只剩10分钟了。

(SRI, Year 5/6,8/6/06, p.10)

之后学生在无人提问时,直接列了12条想法。

但到第三次访谈时,气氛又变了。这一回学生依然提出了许多建设性教学意见,并非只是表面做戏。例如,当研究者问可以用什么方式改善教学的时候,一个学生说:“教讨论课的另一种方式是让孩子找一个大的文本……比如说如果你对车感兴趣,你就可以找跟车有关的。”(SRI, Year 5/6,29/8/06, p.9)他们使用元语言时,也更加得心应手,更能理解重访文本的价值:

学生7:它可以让你理解得更深入,因为你可能读到了什么东西,读其他东西的时候就一扫而过。但是如果你真的仔细地看认真地想,你能理解更多的东西。

学生3:如果你读两遍,有的时候你能看见,每次你读第二遍的时候……你注意到更多东西,比如说你可能会发现其他的事情。

(SRI, Year 5/6,29/8/06, p.3)

但是孩子们对参与的抵制情绪更多了。访谈一开始,几个学生就质疑起了研究者:

学生3:上次你就说过这是最后一次了。

学生4:是的,你说只会有两次。

研究者:哦,这是今年的三次。

学生1:不!

研究者:好的,第一个问题……

学生1:天啊,又来?

(SRI, Year 5/6,29/8/06, p.1)

随着访谈的进行:

研究者:你觉得我们为什么对批判性素养这么感兴趣?我们为什么要这么做?

[学生的反应很消极]

研究者:我告诉过你这是同样的问题。

学生5:我们也会给同样的回答,所以你为什么还要再问呢?

(SRI, Year 5/6,29/8/06, p.4)

随着抵抗情绪越来越严重,研究者强调了他的权威地位,学生的回答好歹回到了正轨上:

研究者:[老师]有没有让你们回答过问题?

学生3:就像你一样。

学生1:回答我们已经回答过一百次的问题。

研究者:如果你们想走……你们可以走。如果你们不想做这个……

学生5:呃……问题是什么?

(SRI, Year 5/6,29/8/06, p.7)

再一次,一旦权力关系恢复平衡,学生再次给出审慎思考后的回答。这一模式就这么重复着:

研究者:好的。现在,批判性素养对你来说意味着什么?

[学生的反应很消极]

研究者:我说过我会问同样的问题……

学生5:是的,有50次了!

研究者:[轻声说]那就给别人一个回答的机会。如果你要向一个朋友解释……你会怎么解释?

学生2:我会说别管了。

研究者:不,他们想知道,他们有兴趣。

(SRI, Year 5/6, 29/8/06, pp.2-3)

此时学生终于给了一些有趣且有用的回答。值得玩味的是,虽然并非所有受访者都不愿意回答问题,但是抵触情绪往往在学生小组间蔓延开来。一个人可能会出声反对或质疑默认的研究者权威地位,其他人则会加入这一反抗的行列。这样的情形在上面的例子中就很明显,而且在整个访谈过程中一直持续。例如,回答同样的问题时:

研究者:你如何对一个从没听过它的朋友解释呢?

学生4:我可能会在网上查。

学生5:我会说“别管了”。

学生3:让其他人向你解释。

研究者:你们说的可能没什么用。你们现在应该都是专家了。

(SRI, Year 5/6, 29/8/06, p.3)

一旦权威身份再一次被重新确立,受访者的回答中有用的信息就增加了。刺激回忆访谈就沿着这么一条“抵抗——研究者重新确立权威——参与者暂时给出恰当的回答——再次抵抗”的路线进行着。我们发现这种讨论模式揭示了特定访谈语境下不对称的权力关系。在三场访谈中我们看到学生的转变:他们一开始充满兴趣和热情(甚至可能是过分热情),而熟悉话题之后则不那么愿意参与任务、更希望在情境中行使自

己的权力。问题依然不变：为什么会有这种变化？

对于学生的态度变化，有许多不同的解读方式。他们可能只是觉得无聊：这是他们第三次回答同样的问题；作为小学生他们无法理解研究设计背后的原理。也许随着对访谈情境愈发熟悉，愈加如鱼得水，他们逐渐暴露出在正常课堂场景下的行为模式。值得注意的是，大多数抵制来自男孩，这反映了课堂互动中关于性别的刻板印象。换言之，在课堂上，男孩典型的刻板印象就是更有可能挑战权威人物、偷懒、耍小聪明/帅、吸引注意力和主导课堂互动，而刻板印象中的女孩一般不会这么做（例如 Fergusson & Horwood, 1997）。当然，这几种解释方式可能都是对的。

尽管如此，我们提出的解读与教师对学生声音的反应有关。在分析时我们说过，教师对大多数学生意见的反应都是积极正面的，但出于种种原因，教师很少在实践上做出改变。即使真有改变，他们也很少明确告诉学生这种改变是由他们的声音带来的。研究者也没有向学生解释过研究设计背后的原理；我们只是偶尔提到学生声音能让我们讨论和协商对学生产生影响的教学实践。简而言之，无论是我们研究者，还是作为执行者的教师，从未向学生公开认可过学生声音的全部价值。这既是一个遗憾，也是一个前进方向。在针对学生声音的最后一个访谈问题中，一名教师说：

> 一些关键想法已经浮出水面，是的，无论如何，它结束了，我有点失望。如果我们能和学生一起将这些想法跟进到底就更好了，不过这些想法将会一直持续下去……我刚刚已经猜到学生到年末的时候会说什么了。
>
> （EI, 10/11/06, p.1）

不少评论者认为我们不仅要让学生发声，还要真正地倾听他们说了什么（Cook-Sather, 2002a; Lincoln, 1995; Paley, 1986）。伊万尼·林肯（Yvonne Lincoln, 1995）称我们“必须愿意倾听和尊重这些声音”（p. 89）。毫无疑问，我们研究项目中的教师都在倾听，也都听到了学生在说什么。但我们不仅要倾听，还要让学生知道他们正在被倾听。我们的解读说明学生参与者不重视学生声音访谈的价值，因为鲜有信息让他们知道自己是受到重视的。我们认为如果参与者能感受到变化，且很明显这些变化与他们的贡献直接相关，他们就会继续重视学生声音访谈。

对学生声音的后结构主义重估和改善能改进教学，而我们的研究结论和强调重点正属于这一更大的观点。我们认为：如果想发挥学生声音的价值，学生声音必须被赋予价值。如果学生声音本身毫无价值，那么其价值只能来自研究者和参与者，但是实际上其价值必须来自所有的参与方。仅有研究者、成年人、教师或学生看到它的价值是不够的，因为如果其他研究对象不认可这种赋值，他们就会发挥他们的主观性——他们的权力/抵抗——来破坏其价值。因为目前的教育中本身就存在不对等的权力关系，如果教师不重视学生声音，学生很容易认为自己的声音毫无价值，因为它们不能带来任何改变。不过另一种可能性是：如果看起来无人倾听，学生也不觉得自己的声音有价值，那么我们收集到的数据在最好的情况下也只是陈词滥调，学生甚至有可能会闭口不言。如果有任何研究想要赋权给鲜少被人听到的声音——在这里指的是学生的声音——这些危险性会极大损害我们的研究目标。

在收集学生声音的初期，我们的经验很像舒尔茨和库克·萨斯(Schultz & Cook-Sather, 2001)的研究中学生分享的经验：

> 有时候我希望我可以和一个老师坐下来，告诉他我对他的课的真实想法是什么。可能很好，可能很糟糕，但就是没有机会这么做。(p. xii)

在第一轮访谈中，我们发现学生不愿意坦率地回答问题。很多时候，学生会长时间地保持沉默，或者研究者不得不换个方式提问以获得学生的回答：

> 研究者：你觉得教师有没有其他方法？[停顿]你有多少次被问到你觉得应该怎么管理一个班级？
>
> 学生2：从来没有。
>
> 学生3：很少。

研究者：好的。好，继续考虑这个问题，因为我会一直问的。

(SRI, Year 13,22/5/07, p.6)

随着学生熟悉访谈流程并看到他们的意见在课堂上被采纳后，他们在访谈时的互动逐渐增加了。到了年末，当研究者让他们谈论访谈的价值时，不少学生的评价是正面的：

研究者：你觉得刺激回忆访谈有价值吗？

学生1：哦是的，对老师来说很有用，因为他们知道我们学生想要什么。他们可以帮助我们学习……所以它对我们显然是有好处的，因为它让我们学得更好。

学生2：是的，它迂回地说出我们希望在课堂上发生些什么，比如我们的一些点子。

(SRI, Year 12,11/9/07, p.6)

研究者：你觉得这些访谈有价值吗？

学生1：是的。

研究者：为什么？

学生1：因为你可以知道学生对一节课的看法。

学生2：是的，我也是这么想的。它可以让老师教得更好。

(SRI, Year 10,20/9/07, pp.5-6)

让我们欣慰的是，学生发现了参与的价值。我们重视学生的参与，同时关注用学生声音指导教学理论、方法和政策的局限性(Ellsworth, 1989; Fielding, 2004b; Moore & Muller, 1999; Orner, 1992)。学生是由自身、研究者和教师共同定位的，这让他们有可言也有难言。换言之，“和学生商议的过程与其他教学过程并无明显区别”(Arnot & Reay, 2007, p.321)。因此，虽然我们认为和学生持续商议有助于今后的批判性素养研究,能让我们继续反思理论与实践间的相互影响,我们也得承认这一商议过程是在权力关系和特定的文化、历史和社会语境下发生的。如果我们让学生知道他们的声音被听到了,收集和倾听学生声音会被师生共同认定为有意义的活动。

我们学到的第二课是:学生表达的内容值得我们认真看待;它们反映了学生对批判性素养和批判性素养教育的理解,并可进一步促进批判性反思。我们的研究项目持续了3年,期间共进行了58场刺激回忆访谈。在本小节的剩余部分,我们会审视基于这些访谈的话语分析的发现;这些发现既可以让我们更好地倾听学生,也可以让我们根据学生表达的内容采取行动、(重新)塑造批判性素养教学。

你可能还记得我们在第二章说过“话语”是一个多维度概念。福柯(Foucault, 1972)认为它可以代表“所有陈述的一般性范畴,有的时候作为一个可个体化的陈述群体,有的时候作为解释一些特定数量陈述的被规约的实践”(p. 90)。就本次研究而言,话语可以指参与者发表的全部观点和由这些观点形成的文本(文字稿)。话语也可以包含一个话语场域或话语形构,如教学的话语。最后,话语也涉及规约陈述的实践或“规则”。话语和它所处的社会、文化、政治和历史语境息息相关(Scott, 1988)。我们的兴趣在于讨论由学生建构的批判性素养话语如何定位学生和教师。我们也想知道学生如何利用现有的素养和教学话语来理解和定位批判性素养。

对于后结构主义框架下的研究者来说,定位是主体地位在话语场域中变得可能的方式。例如,在教育的话语场域中,某些主体地位——或成为教师的方式——得以实现。这一过程“既是积极的也是消极的”(Wetherell, 1998, p. 393)。也就是说,人们身处话语中、被话语定位也定位自身。一个人占据的特定教师主体地位影响其教学实践。比如,他既可能是一名放任自流的教师,也可能是一名专制的教师等(Klenner, 2008)。

但是,人的主体地位并非一成不变:“地位是由话语和互动建构的,因此会随着话语的转变,或者随一个人在话语中或与话语相关的定位的转变而发生改变。”(Davies, 2000, p. 71)。这种变动不居,即韦斯雷尔(Wetherell, 1998)所说的“位置的集合”(p. 400)。这意味着在话语中有许许多多甚至经常相互冲突的主体地位。关注定位让

我们思考批判性素养的特定话语如何以特定的方式定位教师和学生，它也让我们思考不同的批判性素养话语如何以不同的方式定位教师和学生。

在分析刺激回忆访谈内容时，我们发现了许多互补和互斥的话语。学生之前对学校教育和素养教育的接触使他们获得了一些话语；而学生用这些话语描述他们对批判性素养和批判性素养教育的经验和理解。在这里需要注意的是，我们不应该过分简单化地描述这个过程，不应该让人觉得学生可以选择任何可用的话语。与我们合作的学生都擅长应付课业，也应该知道用不同的话语回答访谈问题的不同后果（例如 Laws & Davies, 2000）。因此，这些参与的学生有可能一方面想展示他们的"好学生"素养，另一方面希望取悦研究者们。但是，只要记住这个警告，我们依然相信有必要倾听学生访谈中的声音。

我们无法在此深入探讨每种话语，因此只会讨论三组话语，并为每一组话语提供几个案例。首先，我们会探讨来源于教学提纲的话语，之后是教学话语，最后是被简称为"他者"的话语，包括关系话语和未来话语。

"提纲"话语是给参与课程的学生提供的话语，与我们的定义（见第二章）和提纲（见第四章）有直接联系。在下面这节课里，学生在分析旅游广告。当被问到这节课的重点时，学生采用了教师直接教授提纲时提过的排除话语：

研究者：今天这节课的重点是什么？

学生 2：唔，这和旅游有关，所以他们只把好的东西放进去；他们不想提到不好的东西，因为他们怕这会败了他们的名声。

学生 1：宣传好的东西，赚更多的钱。

研究者：他们怎么能赚更多的钱？

学生 1：因为人们觉得这里很好，就会来这里。

研究者：好的，所以他们想发展旅游业？

学生 1：是的，所以他们赚了……钱，通过说谎，好吧，通过忽略重要的方面。也不算真的说谎。

研究者：本质上来说不算说谎，但是把坏的东西留着不说？

学生 1：是的。

（SRI, Year 5/6, 8/6/06, p.1）

学生在总结这节旅游文本分析课时，使用了行动的话题，即批判性素养分析如何让他们理解文本对人的思维和行动的影响：

研究者：你觉得你还学到了批判性素养的哪些方面？

学生 2：它是如何影响你的行为的。

学生 1：你看到的东西能产生的影响力。

学生 2：是的，改变你的行为和想法……

（SRI, Year 5/6, 8/6/06, p.3）

其他提纲话语包括多元解读和再现。当然，人们也可以说学生是在向研究者和教师展示他们是"好"学生，因为他们能够应用在课上接触到的批判性素养话语。把学生定位为好学生的同时，其实也是把教师定位成了"好"老师，因为他们能够教授我们共同创建的批判性素养课程。好学生与好老师的定位让研究团队很是满意，因为我们似乎已经达成目标：学生好像确实懂得了，学到了。然而，我们接下来会看到学生使用的一些其他话语会对学生、教师和批判性素养的定位产生不同的影响。

第二组话语被我们归类为"教学"，它是学生在批判性素养教学策略实施过程中获得的话语。在教育语境下，教学一词也拥有多元内涵，但人们一般不会明确指出这一点。这个词可以和"教授"同义（例如 Ministry of Education, 2007b），也可以强调教学和学习的特定方面，如"关系教学"（Sidorkin, 2002）、"不适感教学"（Boler, 1999）、"批判性教学"（Wink, 2000）等。它来自古希腊语，意为"引导孩子"，经常被理解为艺术和科学的教学（Abercrombie 等, 2000）。本书中的教学"涵盖了知识的生产和传递、主体性的建构和价值观与观念的学习"（Kincheloe 等, 1997, p. xiii）。不仅如此，教学工作在关系中发生:在师生关系之间,在生生关系之间,在教师、学生和他们所处的更广阔的文化、历史、政治和社会语境之间。

正如其他研究者所描述的那样(Sandretto & Critical Literacy Research Team, 2006;2008),批判性素养研究团队尝试了许多策略来探索如何培养学生的批判性素养技能。我们告诉学生"没有错误的答案",重视提问、讨论和多元解读(见第三章关于对话的讨论)。关于思考的教学话语是我们最常使用的话语之一,学生的这句话也印证了这一点:"批判性素养让你的大脑开始思考。"(SRI, Year 5/6, 3/4/07, p.4)学生的回答也反映了这种话语,即把批判性素养视为"讨论文本、分享观点、再次讨论我们对它的**思考**"的机会(SRI, Year 7/8, 21/6/07, p.1)。因为学校开展了大量思维能力活动(例如 de Bono, 2000)且《新西兰课程大纲》将思考视为一项关键能力(Ministry of Education, 2007b),学生已经非常熟悉关于思考的话语。因此学生能用思考的话语来理解批判性素养和教学也就不足为奇了。

学生在接触和理解批判性素养课程时,还建构起了另外两组话语:视角话语和观点话语。后者还包含了两个子话语:"没有错误答案"和"合理意见"。因为我们的目标之一是支持对文本进行多元解读,所以在刺激回忆访谈中,我们会和学生一起探索回答错误的可能性,讨论他们在表达观点时是否感觉不适:

研究者:你觉得[批判性素养]如何帮助你理解?

学生2:没有所谓的正确答案或错误答案,因为,比如说,人们都有自己的观点,而批判性素养就像是,探索你的观点……就像,没有错误的答案,这会让你真正地开始思考,因为当你读一个故事的时候,你……你得经常倾听。因为……老师一般想让你回顾故事里发生了什么。

研究者:你觉得人们会不会有的时候有"错误的观点"?

学生4:呃,有可能。如果是同样的话题,有可能。不过如果你是像……比如说你先在谈论昆虫,然后你开始谈论人,这有可能是错的,因为你甚至没有……你完全跑题了。不过……其他的时候……所以有可能是错的,但是嗯……如果你没有跑题就不会。还有……这是一个合理意见,因为你会很蠢……如果……

(SRI, Year 5/6,3/4/07, p.4)

“合理意见”的子话语非常有意思。在这种话语下,我们认为教师应被定位成判断意见合理与否的专家;他们鼓励学生表达观点,但学生不能“犯傻”或发表离题的观点。这样一来,“合理意见”的子话语看似与“没有错误答案”的子话语相互冲突。也就是说,如果教师要求学生发表合理意见,可能的意见范围就被限制了,大量文本讨论的机会可能因此丧失。虽然我们提醒大家注意到了这两种子话语之间的紧张关系,却不打算提出任何解决方案。事实上,我们希望师生们继续用批判性素养的眼光看待他们的语言,持续性地协商如何处理多元解读和维持课堂重点之间的紧张关系。

我们听学生提过不少批判性素养教学策略,在此把它们统统命名为传统教学。传统教学与保罗·弗莱雷(Paulo Freire, 1999)提出的“银行储蓄式”教育较为类似;它认为“知识是自认有知识的人赐予他们认为一无所知的人的礼物”(p. 53)。银行储蓄式教育的形式——也被称为传递模式——多年以前在教师教育中已经不受欢迎了(Russell 等, 2001; Short & Burke, 1989)。但是,当我们问到教师怎么帮助学生学习批判性素养时,一个学生回答说:“统统告诉他们。”(SRI, Year 1,30/3/06, p.3)当我们问到:“教师还能做些什么来帮助学生学习批判性素养?还有什么其他方法?”时,另一个学生说:“就告诉我们怎么做。把答案告诉我们。”(SRI, Year 9,10/9/07, p.7)。

在就教师的批判性素养教学提意见时,其他学生采用传统课堂管理话语:

学生 3:嗯,我会挑,就像,那些不怎么参与的人、快睡着的人,我会把他们放到前面,一直关注他们。如果,比如说,我是老师,我看到这些的时候会挑他们出来,是的,他们会有罪恶感……

学生 6:嗯,你可以,就像……重复一遍问题,然后他们如果不懂,就会觉得非常尴尬,下一次他们就会听得更仔细了。

(SRI, Year 5/6,7/8/07, p.8)

学生3:我会给他们……每天晚上我都会复印批判性素养课的内容让他们带回家。我会给他们一些书本上没有答案的问题,他们下次上课的时候给我答案,要不然我就要让他们留堂了。

学生4:唔……如果他们不想做,他们可以就这么待到下课。

(SRI, Years 1-6,17/8/07, p.7)

学生4:给奖励。(笑声)(SRI, Year 12,3/4/07, p.3)

学生1:给糖。(笑声)(SRI, Year 12,22/5/07, p.4)

当然,我们也可以把这些学生的话当成玩笑。但另一种解读方式是:他们非常熟悉如何用传统教学和课堂管理话语(包括惩罚、奖励甚至让学生尴尬)鼓励学生学习。虽然这些学生只是在回答"如果你是教师,你怎么帮助学生学习批判性素养"这个问题,不一定意味着批判性素养研究团队正在使用这些策略,但我们要注意到哪怕是像批判性素养这样的项目也可以被学生定位在传统的教学和学习话语中。教师作为一个教育专业工作者,需要在本地语境下使用自己的判断力认识到这种方式的好坏、合理性与局限性。传统方式本质上当然不"坏";它们其实自有其生存空间(你可以回忆我们第三章关于对话的讨论),但面对任何文本时,不经批判性反思地使用任意方法显然不是明智之举。

学生利用的第三组"他者"话语看上去并非我们批判性素养定义或教学的直接产物。关系话语就是学生清楚表达且被归于"他者"的话语。事实上,已有大量文献研究师生关系质量及它对学生学习的影响(例如 Bingham & Sidorkin, 2004; Cornelius-White, 2007)。参与过新西兰特科塔希坦加研究的毛利学生认为师生关系是学习的核心:"所有学生都认为和教师的关系是他们能否在课堂上取得进步的最重要的影响因素。"(Bishop & Berryman, 2006, p.254)在我们的研究中,学生提到和教师"搞好关系"、能和教师"一起笑"的重要性,因为这让他们的"大脑……运转起来"(SRI, Year 13,22/5/07, p.6)。在刺激回忆访谈中,学生在描述怎样由学生主导批判性素养课程时也构建了权力分享的话语：

学生1：学习批判性素养时，我们可以用一篇有趣的文章来进行批判性素养分析。这样我们就不用学习民主这类东西了。

研究者：所以你觉得不同类型的文本是有帮助的？

学生6：教授讨论课的另一种方式是，就像，你让孩子找一篇篇幅长的文本……比如说你对车感兴趣，就可以找跟车有关的。

（SRI, Year 5/6, 29/8/06, p.9）

在这里，学生暗示如果师生关系能让他们分享权力、参与教学决策，他们会对批判性素养更感兴趣。其他学生也表达了类似的看法："我想让他（教师），就像，问我们想怎么学习……我们是不是喜欢读，或者我们是否喜欢阅读、写作和学习该文本。"（SRI, Year 7/8, 30/3/07, p.7）

我们要讨论的最后一类"他者"话语是未来话语。当我们问起为什么要学习批判性素养时，学生普遍采用了未来话语：

这样等我们长大了就会懂了。（SRI, Year 1, 8/6/06, p.3）

这样我们年纪大一点就能擅长思考之类的。（SRI, Year 5/6, 24/08/06, p.3）

你就可以被影响……去做，就像鼓励你长大后找一份好工作。（SRI, Year 5/6, 24/08/06, p.3）

因为它可能在未来有好处。（SRI, Year 9, 21/5/07, p.3）

高中生建构的未来子话语和应试备考有关：

研究者：你觉得我们为什么要学批判性素养？

学生1：不知道。

学生 2：让我们在 NCEA[1] 中拿到第一等。

(SRI, Year 11, 22/5/07, p.4)

研究者：如果你是教师，你会用其他什么方法帮助学生学习批判性素养？

学生 4：可能不仅关注我们必须回答的问题，因为[如果]考试的问题和[你在课堂上回答的]问题无关，你会觉得非常无聊。

研究者：嗯哼。考试对你们来说很重要是吧？

学生 4：今年，是的。

研究者：所以哪怕是在批判性素养上学的东西，你们也希望它们能[和考试]有关？

学生 1：是的，就像我们做与考试有关的事情一样。

学生 3：就像一些能马上用在考试里的东西。

(SRI, Year 13, 22/5/07, pp.5-6)

对这些学生来说，考试近在眼前，课堂学习应该帮助他们在考试中取得好成绩。在上一个对话片段中，批判性素养教学只有在备考的话语下才有意义。

批判性素养助益未来的视角和亚历山大·悉多金(Alexander Sidorkin, 2002)的观点不谋而合。他的这一长段文字值得全文引用，因为他有力的表达让我们关注这一论点：

想象一下，你生活在一个陌生的国家，和其他人都差不多。这里所有的居民都要工作，但他们不使用自己的劳动成果。没有人坐在自己做好的椅子里，没有人穿自己亲手缝制的衣服。当地一家杂志的编辑阅读一名记者提交的文章、修正错误后发送回去，但文章却无法发表。事实上，他从未发表过当地人写的任何东西。这个国家的一切都靠进口，却什么也不出口。它不对外销售任何东西，却依然能维持舒适的生活水

① NCEA 指全国教育成绩证书。这是新西兰高中生的全国性资格证书，由内部测评和全国统一考试组成。

准。房子、车子、衣服、文学作品、音乐、科学知识、服务……一切物质的和非物质的东西都是从其他地方购买来的。但这个国家人人都得工作。当地文化和思想影响之深,使他们不得不继续工作,无论他们的工作成果会被怎样处理。(p. 11)

这种教育观看起来过分悲观,但悉多金(Sidorkin, 2002)认为在当前形势下“教育只是一个致力于生产无用之物的活动”(p. 12)。

我们当然不是在暗示不该为学生的未来做些准备。这也是我们的研究目标之一。但是,我们相信以未来话语为核心的任何批判性素养理论或教学都有可能让学生“生产无用之物”,并让教师变成“给他们压力让他们持续工作”的劳动者。如果批判性素养理论和教学以未来话语为基础,学生则无法在当时当地使用正在学习的技能去影响他们的生活。它只能让学生等待,等待到某个遥远的未来使用批判性素养策略。

在本小节里,我们描述了从学习声音中习得的第二节课:学生表达的内容值得我们认真看待;它们反映了学生对批判性素养和批判性素养教育的理解。倾听刺激性访谈中的学生声音让我们了解他们是如何被批判性素养定位又如何定位批判性素养的。这会带来某些方面的影响。首先,学生很明显能够利用他们在基于提纲的批判性素养课堂上学到的批判性素养话语,他们构建了行动话语、多元解读话语、再现话语和包含/排除话语。虽然学生最终“开窍”让人满意,但我们也希望批判性素养的参与者继续反思或改进我们持续进化的理解,防止批判性素养退化成僵化的定义。正如温蒂·摩根(Morgan, 1997)所言:“批判性素养……(应当)细致灵活、愿意回应——既回应学生的学习,也对学生的学习负责。”(p. 204)

学生用来理解批判性素养教育的话语包括:思考、视角、观点、没有错误答案、合理意见、传统教学和传统课堂管理。虽然其中的一些话语明显与教师实施的批判性素养教学有关,其他的却来自更广阔的教学和学习话语。例如,参与项目的教师并没有把讨论重点放在知识传递模式上(Sandretto & Critical Literacy Research Team, 2008),但是当我们要求学生提出其他批判性素养教学方法时,不少学生都使用了传统教学和传统课堂管理话语,认为师生间几乎没有权力共享。

我们的分析还揭示了其他话语，如关系话语、权力分享话语、未来话语和应试话语。学生构建的未来话语和应试话语尤其提醒我们要和学生合作，帮他们理解批判性素养如何指导当下的素养实践。通过分析学生对批判性素养教育的理解，我们提出一种教学观，即将教学视为“一个**并非**产生更有效的知识传递策略，而是帮助我们学会分析可用话语的空间”(Lather, 1991, p.143)。学生既然能把批判性素养定位在传统教学和传统课堂管理话语中，说明批判性素养的解放性目标(Mayo, 1995)尚未实现。我们需要继续分析在批判性素养中的教学实践，与学生持续协商来更好地了解他们对批判性素养的理解。

我们如何倾听学生？

在本小节，我们会深入探索在批判性素养教学中应用学生声音的具体细节。我们会讨论要创造什么样的条件，在批判性素养研究项目中采用的主要方法——刺激回忆访谈，以及一些其他收集学生声音的口头、书面或视觉方法。

条件和考量因素

让·鲁德克(Jean Rudduck, 2006)解释说：

> 协商可以重新定义学校里学生的地位，创造出一个更具合作性的师生关系，让双方将学习视为共同责任。(p.141)

但这些可能性的实现需要特定条件。通过批判性素养项目，我们发现一个安全、尊重的氛围可以让学生在发声时感觉安全舒适。新西兰教师应该很熟悉创造信任氛围这种说法。例如，《多样化学生的优质教学：最佳证据综合》(*Quality Teaching for Diverse Students in Schooling*：*Best Evidence Synthesis*)(Alton-Lee, 2003)就强调我们要创造一个关爱、包容、有凝聚力的学习社区。我们让学生思考我们是否创造了一个安全舒适的氛围："当你的观点和教师（或大多数同学）不一样时，你有信心表达观点吗？"这个问题让我们既能公开讨论学生认为他们能否在课堂上发声，也能展示我们是否创造了一个安全的氛围。学生的回答有：

嗯，还挺有信心的，因为，你知道，他说"哦，没有正确或错误的答案，你也不必赞同我的观点"，所以它给了你信心。(SRI, Year 10,7/6/08, p.5)

唔……还是挺有信心的，因为……我知道没有正确的答案……因为她有一个观点，另一个人有其他的观点，我的观点基本上和所有人的都不一样。(SRI, Year 5/6, 26/6/06, p.3)

我很有自信，因为我知道在批判性素养里没有所谓正确答案和错误答案。(SRI, Year 5/6,26/6/07, p.3)

因此研究项目中的许多教师创造的氛围确实能够让学生表达观点。但依然有些学生不愿分享：

学生2：有时候你就坐在那里，一句话都不想说。

研究者：你觉得这是为什么呢？

学生2：你在想别人会不会嘲笑你的回答之类的。就好像你给了一个回答，其他人都会有话说。

(SRI, Year 9,23/7/07, p.4)

学生3：有时候我不确定答案，就会回避。(SRI, Year 9,21/5/07, p.6)

学生1：中间水平吧，不是特别自信。

研究者：嗯？你觉得你会举手吗？

学生1：啊，我不知道，一半一半吧。

研究者：为什么不举手？

学生1：嗯，因为有人会笑话你。

(SRI, Year 6/7,18/6/07, p.3)

对这些学生回答的一种解读是:教师应该更努力地营造一个安全的氛围。另一种是:课堂氛围由学生之间的关系主导,与师生关系无关(Reay, 2006)。第三种解读:这个研究项目已经成功地创造了一种安全的氛围,所以学生才愿意向研究者坦白他们不愿质疑教师或其他学生。学生也提出了一些解决方法:

研究者:哦,我在想你们在表达观点的时候有多少信心。教师是一方面,课堂上的其他孩子呢?如果你说的和你觉得其他学生可能会说的不一样,这会让你有时候不愿意说你想说的话吗?

学生1:这倒不会。

学生2:不会。

研究者:如果你觉得你要说的话和其他学生的不一样,你会保持沉默吗?

学生1:呃……不会。

研究者:[学生]你并不太有信心?唔,我猜我们的下个问题是让你们想一想,我们如何创造更好的课堂氛围,我猜这是我正在想的问题。你们想过怎么样让课堂氛围变得更轻松吗?

学生1:呃……也许……呃,像老师可以这样,你知道的,直接告诉你要更多地表达自己的想法。

研究者:所以要鼓励。

学生1:是的,鼓励。

(SRI, Year 7/8,21/6/07 p.6)

因此,当我们用学生声音来了解批判性素养教学是否有效时,我们能够思考课堂氛围的作用。

如果希望学生发声,另一个重要的条件是互惠性(Rudduck, 2006)。只有师生双方都认为他们有内容可供分享且可以向彼此学习时，互惠性的条件方能达到。其实米歇尔·菲尔丁的"激进的联合"(Fielding, 1999)即体现了这种观点。他认为激进的联合不仅是教师们作为同事向彼此学习，也包括师生间展示"一种在共享理念的语境下愿意互为师生的意愿和能力"(p. 29)。这种形式的联合之所以激进，是因为它在确立课堂教学和课程方向时，超越了我们一般认定的有权者(教师)和无权者(学生)的界限。这种师生间的互惠性挑战了教师的传统定位——教师比学生拥有更多专业知识。而由学生声音创造出来的激进的联合正是师生身份互换的时刻(Bragg & Fielding, 2005)。

我们在研究项目中发现：如果缺少互惠性，学生会抗拒学生声音的收集，因为他们觉得这一过程最终只是徒劳。在下面这个值得再次提起的片段里，学生们在刺激回忆访谈中拖延时间，一直拖到午餐时刻：

> 研究者：还有人要说些什么吗？
> 学生 6：有许多想法，这样我们就能占掉数学课的时间了
> 许多学生：想，想，想，想，想。
> 研究者：就这么一直想到 12 点，然后我们就只剩 10 分钟了。
> (SRI, Year 5/6, 8/6/06, p. 10)

这时的学生觉得访谈纯粹是浪费时间。我们这些研究者问一些无用的问题浪费他们的时间(见前一节讨论部分"我们学到了什么")，这些学生也反过来浪费我们的时间：他们想出"许多观点"，翘掉了数学课。

不过，当批判性素养研究团队能更好地创造互惠性条件时，学生也能更自如地发表意见，让批判性素养更能满足他们的需求。例如，当我们问："如果你是教师，你会做些什么？"时，一个学生回答道："打散课程太糟糕了……如果顺利的话就一直进行下去。不要，(比如说)在 20 分(时间)你在做这个，20 分之后就变了。我烦透了。"(SRI, Year 12, 24/7/07, pp. 5 - 6)。这时候学生暂时成了老师。我们询问如何改进批判性

素养教学,学生则给出时间管理和课堂重点这些一般性建议。

收集和倾听学生声音时的一个关键考量因素是权力。我们已经指出权力问题和权力分享处于学生声音活动的核心地位(Cook-Sather, 2006b)。我们不仅要思考师生间的权力,还要考虑不同的学生和学生小组间的权力。戴安娜·雷(Diane Reay, 2006)在文章中指出:学生文化能以教师完全无法预计的方式抑制和边缘化学生声音。在采访那些教师心中的"好学生"时,她发现学生在描述教学和学习经验时,勾绘出了一幅她从未想象过的排斥和边缘化的暗流之景。她提醒我们:教师很难听到这种声音。我们也有同感,却没有简单的解决方案。不过针对学生的问题,我们可以和学生一起尝试和评估不同的解决方法。

另一个关键考量因素是:我们究竟在倾听谁的声音。因为"声音冲突之喧嚣"(Reay & Arnot, 2004, p.171),你在收集学生声音时往往疲于应对。你在倾听谁的声音?你是怎么决定的?这些问题也没有轻松的解决办法,所以我们需要倾听大量声音,并准备好接受那些我们可能听到或可能听不到的声音(Reay, 2006)。

最后我们还要考虑伦理问题(我们会在下一章探讨批判性素养中的伦理问题)。如果你想用学生声音指导你的教学(MacBeath 等,2003),一些伦理问题无法回避。无论是正式还是非正式的收集方法,收集学生声音本身就是研究活动,而所有研究者都得考虑研究工作的伦理问题。如果教师想研究他们手头的学生(例如,参见 Zeni, 2001),在你收集和倾听学生声音以反思和改进批判性素养教学前,我们强烈建议你思考如下问题:

- 学生理解你收集和倾听他们声音的动机吗?
- 你的学生知道他们告诉你的东西会作何用途吗?
- 他们是否知道,无论他们告诉你什么,他们都不会受到惩罚(比如说,他们的打分不会降低)?
- 他们可以选择不参加吗?

我们应该审慎、持续地思考这些问题,关注创造氛围所需的条件、互惠性、权力和选择倾听什么样的声音。只有这样,你才会心怀敬畏地用学生声音反思批判性素养教育。接下来，我们将探讨收集学生声音的几种形式：口头的、书面的、视觉的和观察的。

如何倾听我们的学生？

口头形式

口头收集学生声音的方法有不少。在我们的研究中，我们从每个参与项目的教师那里挑选学生组成焦点小组，再用刺激回忆访谈的方式收集学生声音（也请参见 MacBeath 等，2003）。每次课一结束，我们就会请一小组学生（一般是 5 个）去图书馆或另一个教室，把摄影机连到电视上面，大家一起观看课堂片段作为接下来的访谈提示。我们会问他们如下问题、录下对话后转成文字稿进行分析（也请参见附录 C）。

专栏 2：刺激回忆访谈问题

1. 你觉得今天这节课的重点是什么？（你今天学到了哪些批判性素养知识？）

2. 今天的课上有你们不知道的词吗？（现在你更熟悉哪些"词汇表"里的词或批判性素养的词？）

3. 批判性素养对你来说意味着什么？

4. 什么是文本？

5. 你觉得我们为什么要学习批判性素养？

6. 教师今天做了什么来帮助你学习批判性素养？

7. 当你的观点和教师的（或班级大部分同学的）不一样时，你有信心表达自己的观点吗？

8. 如果你是教师，你会怎么帮助学生学习批判性素养？

（以上批判性素养问题被塑封好）选择一个问题，告诉我们为什么这个问题适合这个文本。

你可能想要适当修改这些问题以符合你的研究目标，你可以给课堂录音或录像作为后续研究的提示。我们发现每节课后的刺激访谈回忆给我们提供了大量信息,让我们更加了解学生在批判性素养方面的进展并收集他们提出的改善教学的建议(也见第五章关于测评的讨论)。

当然,你也可以放弃焦点小组,你也不一定得像刺激回忆访谈中那样一定要使用课堂片段作为提示。你可能希望进行一对一访谈,选择多样化的学生来收集多样化的声音(Reay, 2006)。你也可以让学生相互访谈,还可以和学生一起商讨访谈问题,共同决定访谈时间安排。合作性地建构问题让你把权力分享给学生,给你提供更多"激进的联合"的机会(Fielding, 1999)。

在第三章里我们讨论了对话。如果我们忘了那一章给我们的经验教训,任何口头收集学生声音的方式都无法奏效。在那一章,我们探讨过如何协调教师引导的对话和学生引导的对话之间的紧张关系。你可能还记得我们最终的结论:批判性素养教学中对话的主要目标是鼓励多元视角而非文本的一致性解读。我们也认为建立对话的重要前提包括承认学生理解与贡献的重要性,将学生问题视为重要的对话起点。我们还要记住延续对话需要充分的等待时间。而且我们也谈到了教师地位的重新定位;也就是说,在对话流动过程中,教师有时会重新定位自身的地位,从教师或领导者变成对话的参与者。

最后,我们一起探索了合作性分析。它可以让师生合作性地反思教学实践,找出更好鼓励对话的方式,帮助教师改善批判性素养教学。当我们思考如何让学生发声时,不应该忽略上述要点。记着它们,时时反思,我们就能更好地利用师生对话的机会指导批判性素养教学。

书面形式

你在教学活动中可能已经用过不少书面策略收集学生对教学的反馈意见了。这些方法经过调整后也可适用于批判性素养教学的反馈。苏珊在教大学生时就用了一个叫"出门票"的方法,当然它也适用于各个水平的学生。在大型讲座或授课中,她经常用这种方法让学生不再害怕在全班面前提问。针对专栏 2 里的问题,学生在一节课结束后离开教室时把他们的回答放到教室前面的一个容器里。如果你也想用"出门票"这种方式指导你的批判性素养教学，你可以问下面这些问题：

- 关于批判性素养，你今天学到了什么？
- （教师）做了什么帮助你学习批判性素养？
- 如果你是教师，你会怎么教授批判性素养？

简短直接的出门票是最有效的。换言之，每节课结束时只问一到两个问题。

出门票也可被称为"一分钟反思"（Wilson, 1986）（见图 22）。其目的是以非正式的方式迅速收集学生的书面反馈。

今天的课结束后，你还有什么问题？

图 22　出门票

因为一分钟反思（见图 23）和出门票（见图 22）的匿名性和迅捷性，它们都是让学生提供反馈的"低风险"方式。

请用一到两句话回答下面每个问题。

1. 你在这节课上学到的最有用/最有意义的事是什么？
2. 这节课结束之后，什么问题在你头脑中依然挥之不去？

图 23　一分钟反思
来源：Angelo & Cross, 1993

当然还有许多其他书面方式让你收集学生声音。约翰·麦克比斯（MacBeath 等, 2003, pp. 22 - 27）和同事们建议的方法有：

- 开放性问题问卷；
- 句子填空；
- 自我评估记录；

- 日志。

每种方法都有其优势和局限性。比如说,如果在填写开放性问题问卷时,学生只用一个单词回答问题,这种问卷是无法提供丰富的信息的。

自我评估记录让学生根据一种等级标准给自己评分。例如,他们可以根据他们在批判性素养讨论中的参与程度给自己打分(见图 24)。

我倾听了其他人说话	1	2	3	4
对其他人的观点我做出了回应	1	2	3	4
我清晰地解释了自己的观点	1	2	3	4

图 24 自我评估记录

注:1 是最高分,4 是最低分

但是请记住:学生可能会不经思考地随意挑选数字。

日志内容可随时间逐渐丰富。你可以让学生就某一话题写点什么。比如说,学生可以就批判性素养课写一周的日志,记下他们在课堂上最投入和最疏离的时刻。之后你可以收集和分析这些日志,寻找其中的趋势。

无论你选择何种形式,你都应该和学生仔细讨论,最大化利用这种收集学生声音的方式。最重要的是,你要告诉学生你会根据他们的反馈采取什么样的行动或者你从他们的反馈中学到了什么。

视觉形式

另一种收集和倾听学生声音的形式是视觉的(MacBeath 等,2003)。你可以通过照片、艺术作品甚至戏剧来鼓励学生表达他们对批判性素养的看法。这些方法不仅能更好地创造意义,而且也更能吸引害怕访谈或调查的学生。不少学校都有数码相机、摄影机和编辑软件;学生可以用这些工具反馈他们在批判性素养课上的体会或提出改进意见。其他学生可能更喜欢用角色扮演或戏剧表演的方式分享自己的声音。这些另类文本鼓励学生参与多样化的文本类型、创造和分享意义——这也是多元素养教育的重要特征之一(Bull & Anstey, 2010)(你可能还记得在导论里，我们把批判性素养视为多元素养的重要特征之一)。

观察形式

最后一种收集学生声音的方式是观察。不过，这种观察不同于我们一般意义上的观察。在这里不是由教师观察学生，而是由学生观察教师并向后者提供反馈(Cook-Sather, 2008)。工作评估或职前教师培训项目应该让许多教师对这种观察方法并不陌生(例如 Zeichner, 1994)。在上述情境中，观察者可能是一名经验丰富的校长或教师培训师。有些教师培训项目也用同伴观察的方式帮助职前教师们克服他们作为学生时经历过的“旁观习艺”(Lortie, 1975)。旁观习艺描述了这么一种现象：职前教师参加教师培训项目时，可能错误地认为他们的学生经历让他们知道怎么教书。通过教师培训师精心策划的观察和反思活动，职前教师开始质疑他们通常未经审视的教学观和学习观(Darling-Hammond, 2006)。

为了让学生发声，我们建议教师让学生观察批判性素养教学。在艾利森·库克-萨斯(Alison Cook-Sather, 2008)描述的一项研究中，参与的大学生在他们未注册的课程中担任“教学顾问”。大学教师和学生都表示这个项目让他们受益匪浅，比如说他们认识到双方在教和学中应该共享责任。一名学生顾问说：

> 我觉得这个合作性策略成效非凡，Z 教授和我就像同事一样，为了同一目标从问题的不同方向努力。(Cook-Sather, 2008, p.480)

这种吸引学生发声的方式也能促进“激进的联合性”(Fielding, 1999)。

当然任何有学生观察者参与的活动都需要精心策划。学生在观察一节课前，需要了解教师的目标。他们还需要一些指导，帮助他们知道要观察什么、如何进行“建设性的、相互尊重的合作”(Cook-Sather, 2008, p.475)。任何进行过观察并给予过反馈的人都知道这项任务有多艰巨。即将成为观察者的学生们可能需要培训和练习才能高效完成这一使命。

反思时刻

- 你会用什么方法收集学生声音?
- 你会如何让学生参与到学生声音的收集中?
- 针对你听到的学生声音和你将要根据这些声音采取的行动,你如何反馈给学生?

小结

本章始于一场刺激回忆访谈开始时的一则学生评论:“何时我才能找回自己的声音?”如果“把教育当成一个持续获得新视角的过程——关于话题,关于学习过程本身,关于自身和他人的学习经验”(Cook-Sather, 2010, pp. 571—572),我们会将倾听学生当作一种在教和学的平衡中“获得新视角”的方式;它既尊重学生声音的价值,也可将声音还给学生。换言之,当我们倾听学生的时候,当我们审慎且批判性地思考学生声音的时候,当我们明确指出我们根据学生声音已经做出或尚未做出的变化时,我们都在把声音还给学生。

批判性素养研究团队在收集学生声音时学到的宝贵经验是:我们要让学生知道我们在倾听他们。学生可能注意不到他们的声音如何改变了你的教学或影响到你的文本选择,你得明确告诉他们:你听到了,你反思了,你付诸了行动。哪怕不行动可能也是你选择的行动。你是专业的教育工作者,会根据你的专业判断过滤和选择学生声音。但你可以告诉学生:你会继续倾听他们,你在未来可能做出进一步的变化。没有变化不代表你没有听到他们的声音。正如有些学生在一次访谈中所说的:

学生4:[教师]说我们会[在这节课开始的时候]进行课堂讨论,我觉得这就是我们上一次[在访谈中]说到的我们应该做的。我们应该进行更多的讨论,指定一个书记员。就像让一个书记员写下来……复印下来之类的。我觉得[教师]听到了其中的一些内容,所以我觉得[教师]正在试着这么做。

研究者:所以你觉得[教师]听到了你上次在访谈中说的话?

学生4:是的。

学生3:肯定的。

(SRI, Year 12,11/9/07, p.1)

在这个案例里,学生清楚地意识到教师听到了他们的话并因此采取了行动,或“至少试过了”。这种“听到”对巩固师生关系意义深远。但我们也要记住这是一项持续进行的工作。库克-萨斯(Cook-Sather, 2002b)说:“我们永远无法一次性学会倾听。在每一种语境下,面对每一群学生和每一个学生时,我们都必须不停地学习如何倾听。”(p. 27)。

反思时刻

- 使用学生声音来反思批判性素养教学时,你最重要的收获是什么?
- 你会用学生声音促进你对批判性教学的反思吗?为什么?

拓展阅读书目

Arnot, M., McIntyre, D., Pedder, D., & Reay, D. (2004). *Consultation in the classroom: Developing dialogue about teaching and learning*. Cambridge, UK: Pearson.

MacBeath, J., Demetriou, H., Rudduck, J., & Myers, K. (2003). *Consulting pupils: A toolkit for teachers*. Cambridge, UK: Pearson.

第七章　批判性素养教育中的伦理问题：“打开潘多拉之盒”

引言：教学与伦理

你为什么当一名教师？（或许该问的是：为什么你想当老师？）

这个问题的答案五花八门。有些人说“我喜欢和孩子待在一起”，有些人说“我想要做出点成就”。无论你的回答是什么，教学是一项道德和伦理活动（Hall, 2001）。我们作为教师，行为举止应当符合职业伦理规范。新西兰教师委员会已经推出一套伦理准则作为所有教师都应遵守的原则指南（New Zealand Teachers Council, 2003）。这一套准则基于四个原则：自主、公正、责任关怀和真实。

我们的探讨重点是责任关怀原则。这一原则被描述为“行善事，减损害”（New Zealand Teachers Council, 2003）。比如，在课堂上减少损害的方式之一是明确某些学生行为的规则和后果。这一伦理原则可追溯至自由主义的理论根源。事实上，多年以来，自由主义思想一直是教育机构和政策发展的基本原则（Olssen 等，2004）。“责任关怀”原则中蕴涵的伦理原则与约翰·斯图亚特·密尔（John Stuart Mill, 1909）关于自由和权威的紧张关系的阐述遥相呼应。密尔认为限制自由唯一正当的理由就是减少损害：“唯一合理地违反文明社会中的任何成员意愿并对他施加权力的目的，就是防止对他人造成损害。”（p. 6）当然，这需要定义什么是“损害”。

有些作者在思考伦理和教育时，认为教师的责任并不仅仅是教授必学的课程或指定内容；我们应该“为了应然而教”（Ayers, 2001, p. 141）。但我们如何决定“应然”？本章我们就要探索批判性素养的伦理问题。我们会讨论规范性这一概念，思考为何它是一柄双刃剑。接下来，我们会关注一些批判性素养领域的学者是否关注规范性。之后，我们会探讨批判性素养文献中描述的社会行动的角色。为了思考如何确定自己的规范性立场,我们还会一起研究福柯的自我关怀伦理(Foucault, 1988b;1988d)。最后,我们通过观察一些教学片段以引发批判性反思与对话。

规范性与批判性素养

学校的目的是什么?学校应该教什么?这些都是规范性问题。它们让我们反思我们的价值观和道德观,明确我们对重要议题的立场。作为教师,其实我们每天都在或明或暗地做这些事情。当我们告诉学生“别逗同学”①的时候,我们已经做出了两个规范性判断:第一,逗同学是不好的;第二,到底什么是“逗同学”。同时我们也在履行之前提过的“责任关怀”这一伦理义务。这里的紧张关系存在于“逗同学”的定义;定义行为本身就是一个规范性行为。

规范性往往是一场无人能赢的游戏。这句话是什么意思?如果你拒绝规范性,则一切都是多元的、相对的。这就形成一种“怎样都行”的立场,没有谁比谁更好。换言之,我不会告诉你应该遵守哪种规范或道德原则;一旦拒绝规范性立场,大家都同样正当。这种观点的积极之处在于:不规定“应该”做什么,就不会把自己的想法强加到别人身上。但它的消极之处在于:所有判断哪些是“有害的”标准都消失得无影无踪了。

所以,如果要设定规范如“不要损害他人”,按密尔的话来说,你就得实施规则,执行制裁,明确“损害”的定义或限制有些人的自由。从积极的方面来说,限定容忍的范围可以带来安全感。例如,我们无法容忍伤害他人。但问题在于:规定性立场是观念和价值观的陈述,因此我们很难找到一个人人同意的规范性立场。因此我们只能回到最初的观点,即在很多情况下规范性是一场无人能赢的游戏。它是一个两难的困境。

美国语境中的一个规范性立场是言论自由。它受美国宪法第一修正案的保护,是

① “别逗同学”(No put-downs)是我在课堂中告诉学生不要戏弄其他同学时说的话,这是20世纪90年代的俚语。

所有公民的规范性理想。然而,很多人却难以忍受3K党行使这一权利。但是言论自由这种规范性理念的力量又如此强大,以至于美国法院一直赋予3K党集会和发表观点的权利(Chong, 1993)。在此我们可以看到维持规范性力量的双刃剑是如何运作的:你可能不得不容忍你不同意的观点。

暂且回到我们的自由主义哲学传统,我们会发现政治哲学已经受困于这种矛盾许久(Kymlicka, 1990; Olssen等,2004)。这种紧张关系可被视为自由和平等间的对立(Olssen等,2004)。一方面,自由主义理论提倡捍卫个人自由,包括"信奉个人自由,如思想自由、表达自由、良知自由、情绪自由和结社自由"(Olssen等,2004, p.77)。另一方面,自由主义理论认为人人都有平等的自由权利。也就是说,没有人应该比其他人拥有更多的自由。自由主义的矛盾正在于此。例如,我追求言论自由,但是发表的是性别歧视言论,我的权利在多大程度上侵害了其他人的权利呢?这种紧张关系在我们眼中无法破解。但重要的是,我们应当承认所有教学中都存在类似的紧张关系。如果你是一个老师,如何平衡单个学生的需求和全班的需求呢?批判性素养教育也无法摆脱这一两难局面:如果你鼓励学生进行多元解读,你打算如何处理可能损害其他学生权利的观点?

在考虑批判性素养中的规范性问题时,我们再次思考密尔(Mill, 1909)提出的权威和自由的平衡。在课堂授课时,教师的权威性在于:他在评判学生的解读恰当与否时,决定给予学生多少指导;学生的自由在于:他们对文本拥有不同的解读。有些批判性素养文献作者曾明确讨论过规范性中的紧张关系。在他们看来,我们很难在鼓励多元解读的同时,又在课堂中以损害他人为由拒绝某些解读。例如,温蒂·摩根(Morgan, 1997)在与一组教师的合作过程中探讨了自由和控制间的紧张关系。一名教师说他信仰的社会正义和公平意味着"我们需要告诉孩子:有一些选择可能并不是好的选择,有一些事情是不正常的或不值得做的"(Morgan, 1997, p.88)。这名教师认为他的职责是帮助学生在当下和未来采取某种解读方式或立场时"发现后果"(p.88)。因此这名教师已经确定了他的批判性素养教育中的规范性原则。

在布朗尼·梅洛和安妮特·帕特森(Bronwyn Mellor & Annette Patterson, 2001;

2004)多年对英语课程的研究中,他们对规范性和批判性素养的观念发生了改变。在他们看来,如果让学生进行多元文本解读,再小心地把他们引向更易接受的解读,他们就是在限制学生的自由,即使这种限制以宽容或社会正义为名。比如,在鼓励学生对《汉塞尔和格林特》(*Hansel and Gretel*)(Browne, 1995)进行多元解读时,梅洛和帕特森(Mellor & Patterson, 2001)发现无论学生怎么尝试,他们都无法摆脱最初的解读——继母是坏的,父亲是好的,哪怕教师再三强调把孩子遗弃在密林是父母双方共同所为。孩子们不愿建构“正确”的解读——反性别歧视的解读——促使梅洛和帕特森批判性地分析他们的教学。他们认为鼓励多元解读“提供了一个虚假自由的情境”(p. 123)。自由仅浮于表面;实际上是教师在引导学生去挑战他们最初性别歧视的解读(所有继母都是恶毒的),取而代之的是质疑性别歧视。

“宽容……是一种规范”(p. 95),梅洛和帕特森(Mellor & Patterson, 2004)如是说。换言之,在探索如何支持更多样的解读时,英语课堂上展现出一种新的规范:宽容的规范。但梅洛和帕特森(Mellor & Patterson, 2004)同样不希望批判性素养实践绕过规范性问题,变成我们期待学生展现的一套能力。他们警告我们:这种方式并未解决自由与规范的二元对立。如果我们把批判性素养视为一种能力,不难想象我们会期待学生建构出不同的解读,如女性主义解读、反种族歧视解读等。进一步想象一下,教师甚至可能期待学生建构出性别歧视或者恐同的解读来展示他们的能力。但我觉得很少有教师能做到这一点,因为最终“所有课堂都无法逃避规范性”(Mellor & Patterson, 2004 p. 95)。

批判性素养研究团队在研究团队工作日会议上提到了这个问题:

> 至此你踏入了险区。你忙着倾听所有孩子的想法、他们的多元解读,你告诉他们你了解“没有正确的答案”。但接下来一个孩子说“哦,你知道吗,所有女人都得待在厨房里”。[你的问题就这么来了]。然后你说,等等,我们真的[同等]重视所有的解读吗?(RTWD, 15/9/06, p. 3)

这就是我们在本章之前暗示过的自由主义的矛盾。为了和下一小节福柯的自我关怀理论保持一致，我们不会给出这种紧张关系的解决方案。但是，我们会推荐一些有用的工具帮助你确定立场。

在批判性素养文献中，像摩根（Morgan, 1997），梅洛和帕特森（Mellor & Patterson, 2001；2004）这样明确探讨规范性问题的作者毕竟是少数，但是大多数作者在描述批判性素养时确实会采取某种规范性立场。例如，玛格丽特·海古德（Margaret Hagood, 2002）在解释我们为何要教学生批判性素养时说：

> 素养——比如硬核垃圾摇滚、时尚杂志或新闻媒体——描述了世界的特定形态和特定现实。但这些描述可能是有风险有问题的，因为读者常常不加质疑地使用文本来了解世界和自己。（p. 247）

因此，批判性素养可以让天真轻信的读者免于“有问题有风险”的文本的损害。虽然我同意不少文本问题不小、风险很大（如性别歧视的文本），但是我们应该重视海古德这句话背后的规范性前提。在这个例子里，她把“硬核垃圾摇滚、时尚杂志和新闻媒体”归入有问题的文本范畴。我们可以问一问：谁不同意她的观点？我们可以假设有不少群体会反对她的说法，这也凸显了她的规范性立场。

另一个隐晦的规范性立场的例子来自薇薇安·维斯盖和她的同事（Vasquez 等, 2003）。他们认为：

> 批判性素养也是这样一个过程：仔细思索如何重新建构和设计文本以传达不同的、更加公正平等的、能对世界产生实际影响的信息。（p. 2）

这个对批判性素养的描述并未言明什么是“更加公正平等”。作者的规范性立场是什么？教师和学生该如何决定？

其他批判性素养文献作者的规范性立场则更加直白。举个例子，凯伦·斯派克特和史蒂芬妮·琼斯（Karen Spector & Stephanie Jones, 2007）用批判性素养支持学生审视《安妮日记》（*The Diary of a Young Girl*）（Frank, 2002）。在他们看来，对这篇已被反复研究的文本采取批判性立场时，"学生对犹太人大屠杀会有更深入细致的观点"（p. 37）。他们强调这种方式并不意味着"对历史事件持什么态度都无所谓"（p. 37）。对他们而言，批判性素养教育让学生得以"开放……（大屠杀的不同建构）以进行更加细密的审视"（p. 36）。这暗示了他们未曾明说的规范性立场，即有些大屠杀解读不够细致或缺乏批判性。

罗莎莉·拉利克和金伯利·奥利弗（Rosary Lalik & Kimberly Oliver, 2007）的研究鼓励女性青少年批判性地分析女性身体的再现问题。在研究中他们非常明确地探讨了规范性理念问题。他们认为，当一个带着明显社会公正平等倾向性的教师和一群年轻人一起交流时，紧张关系随之产生。他们试图政治化这些女孩，却不得不承认自己的失败。他们希望研究中的女孩采取行动或赞同研究者的立场，这些学生却表现得非常抵触。他们的分析强调了规范性的紧张关系："在灌输激进知识和对学生观点不加批判地接受之间如何找到一个中间地带，是批判性素养教学实践不得不持续面对的挑战。"（p. 65）拉利克和奥利弗认为如果教师"迫切地想把唤起他们感受的议题和分析注入对话"（p. 65），他们可能会丧失大把的批判性素养教学机会。

现实是：一般情况下，对批判性素养感兴趣的教师确实持有规范性立场。他们很清楚某些群体面临的不公不义，也很清楚文本在固化这些不公正中扮演的角色（例如 Wallowitz, 2008b）。以薇薇安·维斯盖（Vivian Vasquez, 2004）鲜明的规范性立场为例："从批判性视角来看，我希望建构一个探讨社会正义话题的空间。"（p. 1）另一个例子是瑞贝卡·罗杰斯、梅莉沙·莫斯利、玛丽·安-克拉梅和社会公正素养教师研究小组（Rogers 等, 2009）。他们明确提倡以规范性立场驱动批判性素养教育：

> 批判性素养教育的实践应该扰乱或批判那些固化不平等的性别、种族、阶级关系的主导性知识-权力关系，关注对话、辩论、异议和民主的特征。在我们的设想中，批判性素养是创造更多民主社区的手段。（p. 7）

可以说，这些教师和研究者对他们批判性素养实践的规范性特质坦坦荡荡、毫无隐瞒。

有些作者认为批判性分析必须和一个规范性立场相结合。车贤·乔治·李(Cheu-Jey George Lee, 2009)认为一个"没有根基的批判只是夸夸其谈，毫无革新力量"(p. 144)。也就是说，他认为没有规范性根基的批判性分析毫无价值。

但有人可能会指责持有明确规范性立场的教师过于"政治正确"(Buckingham, 1998)。进步主义教育工作者经常会被打上"政治正确"的标签，这个词也常用来终结与实现平等有关的对话(Richer & Weir, 1995)。有些人可能会批评一些批判性素养教育者，认为他们让学生创造政治正确的文本，即那些没有性别歧视、种族歧视等的文本。戴维德·伯金翰(David Buckingham, 1998)描述了学生如何在一堂媒体研究课上构建出政治不正确的文本。他认为这种紧张关系并无轻松的破解之道：

> 如果我们想让学生真诚、开放地探讨理论话题而不仅仅是用现实活动达到自己的目的，我们就得承认学生可能不愿意踏足我们希望他们去的地方。(p. 85)

此时我们再次回到之前提过的权威和自由之间的两难困境。你有没有给学生足够的自由去探索多样化的解读方式，哪怕是那些可能伤害某些群体的解读？你有没有用你教师的权威身份去定义什么是"正确的"解读？

无论你追求规范性立场还是信奉自由，我们都能看到其中可能的困难和挑战。在第二章我就暗示了自己的规范性立场："为什么我们要让学生成为文本分析大师？很简单，因为文本是人创造的，对我们有强大的影响力。"这句话在陈述我自己的规范性立场。我认为学生应该能够分析自己和他人建构的文本，因为我相信文本有塑造思想和指导行为的力量。

反思时刻

- 你目前在课堂里的规范性立场是什么？
- 这一立场会如何影响你的批判性素养教学？

什么是社会行动？播种……

批判性素养将"社会行动"作为其重要的定义特征，即采取了一个规范性立场。例如：

> 作为文本分析者，最重要的是分析文本后的行动……成为文本分析者意味着成为一个积极活跃、见多识广的公民，能够掌控自己的生活。**这一切只有当文本分析者根据分析结果采取行动时才能实。**（Anstey & Bull, 2006, p.51）

在一篇被广泛引用的论文中，密兹·路易森、艾米·西利-弗林特和凯蒂·凡-斯路斯（Lewison 等, 2002）回顾了批判性素养文献，并从四个方面——包括"采取行动和促进社会公正"（p. 382）——定义了批判性素养。瑞贝卡·鲍威尔、苏珊·钱伯斯-坎特雷尔和桑德拉·艾德姆斯（Powell 等, 2001）认为"批判性素养的基本前提是：素养教育可以赋权并带来**革新行动**"（p. 773）。其他作者如拉瑞尼·沃伦维茨（Laraine Wallowitz, 2008a）认为批判性素养包括关注重建和文本分析，也就意味着"一个培养批判性素养视角的关键因素在于社会行动……通过大大小小的抵抗行动，学生可以在生活中应用他们对批判性素养的理解"（p. 228）。以上这些作者都认为社会行动是批判性素养不可或缺的一部分。有些人甚至认为没有社会行动成分的批判性素养算不上真正的批判性素养。

在第四章里，我们曾简要提及卡罗尔·艾德尔斯基和梅洛迪斯·柴兰德（Edelsky & Cherland, 2006）的"自觉激进式的教学"（p. 17）。在这句话里他们的规范性立场非常明确:其他不考虑社会行动的批判性素养都不是批判性素养。他们的批判性素养的理论基础是一个批判性解放性的世界观[类似于我们在第二章里讨论过的弗莱雷(Freire, 1999)的批判理论]。这种视角下的批判性素养侧重于批判"系统(通常是经济系统)如何运作并创造出我们栖息的不公正的世界"(p. 30)。本地的个体行动是无法撼动这些更广大的系统的:个体必须在更宽泛的层面上行动。

当我们思考以上作者的观点时,另一个问题产生了:"什么是社会行动?"批判性素养研究团队试着回答这个问题,却因此引发了更多问题,而且这些问题均没有简单的解决办法:什么是社会行动?行动什么时候发生?学生只思考多元视角就够了吗?如果学生不采取行动怎么办?我们在深刻思考后,发现我们的工作可能无法在短期内开花结果:

> 我已经意识到从这些孩子身上我无法得到重大的启示[同意的声音],我觉得我只是在播撒思维之种,希望……以后他们会想到它。(RTWD, 2/9/05, p. 2)。①

通过与批判性素养研究团队讨论,以及研读更多的批判性素养文献,我认为批判性素养中的社会行动成分应该是一个连续统一体,从:

- 转变对文本的思维(考虑多元视角或解读),或,
- 鼓励文本的重建(鼓励学生重写他们的文本或建议其他人应该如何修改文本),或,
- 在小范围内采取行动(例:不再使用"这也太菜了"这种话来批评不好的事物),到,
- 在更大范围内采取行动(例:参与运动,抗议对年轻人不公平的雇佣法)。

厄尼斯特·莫瑞尔(Ernest Morrell, 2008)认为我上面描绘的社会行动,虽然看起来不够激进不够革命,但对于有些教师,却是过于政治化、不适合课堂的激进社会行动

---

① 读者可能发现此处呼应本书标题。

的重要组成部分。以雷·密桑和温蒂·摩根(Ray Misson & Wendy Morgan, 2006)的观察为例:“我们往往认为分析已经是批判性素养的终点和价值所在,政治行动主义则超过了英语教师的职责范围。”(p. 16)但莫瑞尔(Morrell, 2008)却认为:

> 思考、言说或写作真相是一种行动。改革性的思维、对话和文本是所有革新行动的基础。如果不能首先被付诸语言,我们还能做成什么?取消或排除思考和言说只能摧毁能带来自我和社会革命的有价值的观点根基。(p. 207)

我同意莫瑞尔的论断。我并不希望“把那些思考的人……和那些行动的人分开”(p. 208)。因此我们倡导的批判性素养认为小范围行动——哪怕是学生的内心行动——皆为行动。

反思时刻

- 你现在对批判性素养的理解是什么?
- 它包括社会行动吗?
- 你会鼓励学生在课堂上采取哪种社会行动?为什么?

自我关怀的伦理

在批判性素养教育中,我们怎么确定自己的规范性立场?如果教师想记录他们的伦理行为,我认为米歇尔·福柯(Foucault, 1988b; 1988c)的自我关怀的伦理大有可为。福柯(Foucault, 1984c)认为伦理并未描述一套应被遵循的普世准则。他眼中的伦理是关于“个体如何把他自己(原文如此)建构成一个自我行动的道德主体”(Foucault, 1984a, p. 352)。这一伦理描述不要求在教师课堂上忽略自己的规范性立场或自称采取某种中立的立场,教师无需搁置立场,而是完全可以将其带进课堂。但

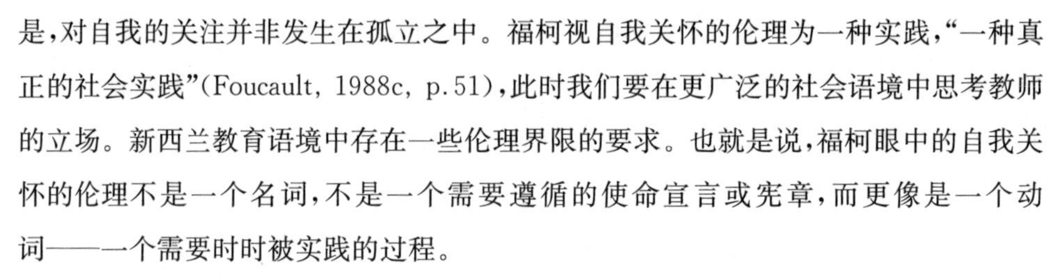

是，对自我的关注并非发生在孤立之中。福柯视自我关怀的伦理为一种实践，“一种真正的社会实践”(Foucault, 1988c, p.51)，此时我们要在更广泛的社会语境中思考教师的立场。新西兰教育语境中存在一些伦理界限的要求。也就是说，福柯眼中的自我关怀的伦理不是一个名词，不是一个需要遵循的使命宣言或宪章，而更像是一个动词——一个需要时时被实践的过程。

我们用个例子来阐释这一观点。福柯指出，我们是自我伦理行为的作者(Klenner, 2008)。想象一下，如果有一名教师认为孩子就该被惩罚；体罚是唯一让孩子学会责任感和尊重权威的方式。如果新西兰允许这名教师执教，而教师又选择遵从他/她对体罚的规范性立场，他/她一定会受到惩罚。因此，虽然这名教师是在描绘自己的伦理地图，但是他/她所处的社会语境却不允许校内体罚。从这个简短的例子里我们可以看到：自我关怀的伦理框架给了我们更多自由去确定自己的规范性立场，但我们依然受我们所处的文化、历史和社会语境的制约。

为了将自我构建成伦理主体，我们可以使用福柯所说的自身的技术，即：

> 允许个人以自己的方式或在他人帮助下对自己的身体和灵魂、思想、行为、生存方式等采取一些行动。这些行动可以转变自我，使自我达到一种幸福、纯粹、智慧、完善或不朽的状态。(Foucault, 1988b, p.18)

反思在自省的技术中不可或缺(Foucault, 1988b)。具体的事物能够促进反思。在个人日志里记录教学过程、把课堂内容录音或录像、收集课堂计划或学生作业复印件等文本……这些方法可以让教师创造出用于反思的教学文本。这些文本可以成为“一个实在的记录……因此成为一种可在之后重读和协商的累积性财富”(Foucault, 1994, p.209)。然后我们可以分析这些文本，“持续关注个人的再现……去评估个体和被再现事物之间的关系”(Foucault, 1988c, p.64)。换言之，我们可以思考批判性素养教育在多大程度上反映了我们希望遵循的伦理规范。

重要的不仅是建构和反思文本，还有和同事分享这些文本，“把自己置于他人的凝视之下"(Foucault, 1994, p.217)。戴(Day, 1999)曾注意到反思自身实践之艰难。和同事合作，会让我们置身于"永恒的自我批判"(Foucault, 1984d, p.43)。也就是说，这项工作并非一蹴而就，而是一个持续进行的过程。

如果教育工作者希望反思自己的批判性素养教学并使其更加符合自己的规范性立场(即他们希望自己的行为是什么样的)(也请参见 Klenner, 2008)，福柯的作品非常有价值。他曾言："在任何时刻，一个人必须一步一步地直面自己所思所言与所做之间的对峙。"(Foucault, 1984b, p.374)更通俗的说法是：我们必须知行合一。在下一小节，我们会提供两个教学片段帮助你实践自我关怀的伦理。

反思时刻

- 你现在是怎么理解自我关怀的伦理的?
- 你怎么利用它来反思你的批判性素养教学?
- 你会创作什么样的文本来促进反思?

变动不居的规范性立场：教学片段与反思

通过考察"课堂中师生面对面做出的规范性决定"(Luke & Freebody, 1997, p.6)，我们可以思考我们更为青睐的规范性立场。下文记录了两个批判性素养研究片段，皆是真实课堂内容的文字稿。你可以用专栏 3 里的问题独自思考，也可以和一个小组一起进行批判性反思和讨论。

专栏 3：教学片段反思框架

- 这些片段提出了什么伦理问题?
- 这节课上有没有解决这些问题? 如果解决了，是怎么做到的?
- 还可以做哪些改变?

- 根据你自己的伦理规范,你会怎么做?

高中招生简章分析

教师:我们今天要做的事有一点不同,我们要一起去看……我拿了镇上不同学校的八份招生简章,最上面都印着学校的网址。我们接下来要做的,就是一起看这些招生简章,我还给你们准备了一些问题。我选了不少问题,因为我觉得我们可以从招生简章里看到许多东西。当你拿到一份招生简章后,先看一眼黑板,看黑板上有没有跟招生简章内容产生关联的东西。好吗?可能黑板上提到的不止一个方面都是你想要谈到的……然后我们会坐回到地毯上,分享你在招生简章中的发现,以及它们和批判性素养有什么关系。大家知道我在说什么吗?好的,听上去很有意思吧?

学生1:唔……一般来说,批判性素养是不是会影响我们要去哪所学校?

教师:我知道你想说什么,我在看招生简章之前也想过这些,不过我们也会看到一些初中的招生简章,这和你们没有关系;我们也会看许多高中招生简章,我知道我们看的一些学校并不是你们……你们中的任何人真正想去的。所以我就这么想,当我给你们招生简章的时候,最好不要给你们感兴趣的学校的招生简章。如果你是一个男生,你打算去[学校名]男校,你可能不会拿到[学校名]招生简章。一个女孩可能会拿到[学校名]的招生简章。你明白我的意思吧?因为这样的话就不会有利益冲突,不过确实,我觉得你是对的。我觉得我们不是要去挑剔学校。我们要讨论的是哪些信息被包含在了招生简章里面,我们找到了哪些视角、有哪些不实的信息,而不是抨击学校。好吗?

(WCL, Year 7/8,6/8/07, p.2)

"分析高中招生简章"的其他问题

- 如果你选择了一个你可能会去的学校的招生简章进行批判性分析，其中存在利益冲突吗？为什么？
- 除了"哪些信息被包含"以外，你会鼓励学生分析招生简章里的其他内容吗？为什么？
- 如果学生与文本之间存在利害关系，你觉得批判性讨论的质量会因此提高吗？为什么？

在下一片段里，教师就《一号化妆盒》(*Dress-up kit number one*)(Noonan, 2002)这个故事上了一节导读课。故事里的迪恩忘记告诉妈妈他书包里有一份派对邀请。迪恩和妈妈因此陷入了麻烦，因为两人都没时间从救济金里挤出钱来买礼物。

《一号化妆盒》(Noonan, 2002)

教师：现在，在我们开始读故事前，我想让你们谈谈如果有人请你们参加生日派对，你们会做什么。当被邀请参加生日派对，你可能要做什么准备。你可以先跟你的小伙伴交流一会儿……你去生日派对的时候会做什么？你会做哪些准备？

学生：穿上我最好的衣服。

教师：还有呢？

学生：还有，我会送礼物。

教师：好的，大家注意一下我的问题，那你们怎么，你们怎么选生日礼物呢？跟你的朋友谈谈，你怎么选生日礼物呢？……你会去购物，对吗？好的，所以你会选择他们喜欢的？

学生：[所有人都在说话。]

教师：你们怎么知道这个人会喜欢这个礼物呢？

学生:因为他们收到的时候会笑。

教师:好的,现在你要买一个生日礼物,现在大家可以举手表决这个问题:你们有预算吗?

学生:什么意思?

教师:你们有预算吗?你们有,换句话说,你只能在礼物上花这么多钱?比如妈妈说,“我很抱歉,但这个礼物只能花,你只能花,比方说10块钱,或者我们只能花8块钱。”在你家里有这个预算吗?

学生:啊,我只能花40块钱。

教师:40,哇,很奢侈的礼物了。好的,你自己的生日礼物有预算吗?

学生:只有20块。

教师:现在这个故事的标题叫作《一号化妆盒》,这名女士,这个作家,写这个故事的女士的名字,是戴安娜·努南。好的,这个故事跟受邀参加生日派对有关。如果这个故事跟它有关,你觉得为什么这个故事有这么一个标题?

学生:因为它像一个化装舞会。

教师:好的,在故事里,迪恩因为生日邀请遇上了一些问题……你觉得这个问题是什么?我们可以猜一下,可以想一想,可能,这个问题和什么有关?

学生:他的妈妈不让他去,因为他们可能要去,可能要去哪里喝茶。

学生:可能派对今天举行,但他们没有时间准备。

学生:可能他不喜欢那个人。

教师:唔,很有意思的观点,谢谢……我想要你们,怎么说,去读第……9页……第10页和第11页。[学生自己读]。好的……现在我们回到这里,啊,我们想一想刚刚读的内容,迪恩遇到了什么问题?

学生:派对在周六举行,今天就是周六。

学生:派对就在今天,他可能还没准备好。

教师:好的,所以他可能已经错过派对了。好的,小说里面写了迪恩不知道要怎么办才好。他应该在收到邀请的当天就告诉妈妈,这样他们就有时间攒钱买礼物了。然后小说里写道,“‘我们领救济金不要紧’,妈妈总是说,‘这只是意味着我们要提前打算’”。救济金是什么?

学生:我觉得它是一个预算。

教师:呃,啊。好的,对于救济金还有其他想法吗?什么是救济金?这是一个新单词,是吧?

学生:你可能没有足够的钱买礼物。

教师:所以领救济金意味着你的预算很紧,你们用了预算这个词不是吗?……好的,所以你们觉得妈妈现在是什么感觉?

学生:迪恩看到妈妈读了邀请卡片,她低下头,很生气。

教师:谢谢亲爱的,你读得很仔细,找得很准确。书上写着,“妈妈读了卡片之后,有那么一小会儿她看起来很生气,之后她什么也没说,迪恩感觉糟糕透了。”好的,他的妈妈总要提前打算。之后她问迪恩,“这个礼拜的零钱罐里有钱买礼物吗?”好的,大家翻一页。现在当妈妈说“我们会想出办法”的时候,你觉得她心里在想什么?

学生:她要去弄一些纸盒子,为那个人做点东西。

学生:她们可能会做一个……化妆盒给她。

教师:我有一个问题,而且是个有点难的问题……作家或者说这个作者,戴安娜·努南,她想让我们对迪恩和迪恩的世界有什么样的了解?[在白板上进行头脑风暴。]

学生:一个生日邀请。

教师:好的,一个生日邀请,很好。迪恩的世界里还有什么?他的世界里有妈妈吗?

学生:当然有。

学生:一个生日派对。

教师:好的,注意,迪恩世界里的东西和你世界里的什么东西是一样的……小组里的每个人轮流说一下。

学生:派对。

学生:妈妈。

学生:生日邀请。

学生:一个朋友。

教师:那在你们的家里呢,如果你们碰到问题能解决它吗?

学生:唔。

教师:是的,你们大家一起想办法。好的,很好,感谢大家,今天的课就上到这里。(GRL, Year 3,31/3/05, pp.1-7)

《一号化妆盒》的其他问题

- 在你看来,向完全不了解救济金的孩子们介绍这个词在伦理上可以接受吗?为什么?
- 让学生用自己的世界和迪恩的进行对比,在伦理上可接受吗?为什么?

确定规范性立场

我们之前提过,伦理问题也困扰着批判性素养研究团队。就像批判性素养文献中的其他作者一样,我们也无法摆脱自由和权威的两难困境。在一次研究团队工作日会议上,一名成员提到多元解读会使自己身陷"险区"(RTWD, 15/9/06, p.3)。我们应当对所有学生的解读一视同仁吗?此时我们不得不直面自由和权威的两难困境:

我们提醒大家……要在以下行为间取得某种平衡:给学生明晰的指引,给他们先备经验或为之命名,让他们自由尝试给出多元解读。(RTWD, 15/9/06, p.14)

经过反思和讨论,我们给出如下建议:

> 我会说这是在**限定条件下的自由思想**……因为我们身处变动不居的规范中,这就是我们要做的。曾经一度甚至不久之前,单亲家庭不是常态,它被视为一件坏事。现在人们已经普遍接受它了。我们的使命就是改变这些事情,所以不和与分歧是可被接受的。(RTWD, 15/9/06, pp.14—15)

最后,我们认为应该使用多元解读策略鼓励学生做出他们无法完全凭借自身能力做出的解读。这正契合了上段引文中关于自由思想的观点。但同时,我们也希望他们了解不同解读的(可能)后果:这就是所谓的限定条件。我们最终还是无法接受“什么都行”的态度。事实上,我们希望他们具有批判精神,同时懂得尊重:

> 所以,当你与孩子合作,让他们拥有声音、分享观点、具有批判性时,你就像在学着为不同的读者写作。你得学会其中的规则和要求,[你得学着]如何在这样做的时候心怀敬畏。(RTWD, 22&23/6/06, p.33)

这就是我们最终找到的规范性立场:限定条件下的自由思想。我们的限定条件是:不让学生持有伤害他人的解读(比如性别歧视)。

反思时刻

- 你的规范性立场是什么?
- 你觉得“限定条件下的自由思想”有用吗?为什么?

小结

本章的标题来自一次批判性素养研究团队工作日会议,当时团队成员正在探讨批判性素养教学的伦理问题。一名参与的教师觉得这些课程就像“打开潘多拉之盒”

(RTWD, 5/8/05, p.19)。这种不安情绪一直持续到研究项目进行的次年:“你无法像普通的导读课那样提前计划……你不知道孩子们在阅读文本时会去向何方,有时候他们甚至拐入你无法想象之地”(RTWD, 5/8/05, p.19)。本章探讨了一般性教学中的规范性与不少批判性文献倡导的多元解读自由之间的紧张关系。

接下来我们探讨了批判性素养中的社会行动。我们观察了不同文献对社会行动的不同立场:有些声称缺少社会行动的批判性素养根本不能称为批判性素养,有些则完全不讨论社会行动。在我看来,对社会行动的一种有效的理解方式是将其视为一个连续统一体:一端是思想的转变,另一端是大范围地采取行动。在这一小节结束之时,我们认为思想与行动无法剥离,因此批判性素养应当支持多种形式的社会行动。

为了促进批判性反思,我随后提出了福柯的自我关怀的伦理。教师可凭此(重新)建构他们的批判性素养教学,使之与自身的规范性立场保持一致。这种批判性反思可单独进行,但我认为和同事一起进行反思往往收效更佳。自我关怀的伦理鼓励教师参与一个持续进行的伦理实践。为了实践自我关怀的伦理,我们提供了两个教学片段和一个反思框架。

本章最后一部分呈现了我的规范性立场。批判性素养研究团队认为不受指导的多元解读策略无从进行,因此我们会鼓励学生在限定条件内进行多元解读,即限定条件下的自由思想。

下一章将是我们这次旅程的终点。

反思时刻

- 如果你对多样性感兴趣:为了让每个人的声音都被听到,你愿意边缘化某些人吗?
- 如果你想依据某个明确的规范性立场进行教学活动:为了维护你的规范性立场,你愿意在教学中忽略某些声音吗?
- 在你看来,有没有可能找到一个两者兼得的方法?如何做到?

拓展阅读书目

Mellor, B., & Patterson, A. (2001). Teaching readings. In B. Comber & A. Simpson (Eds.), *Negotiating critical literacies in classrooms* (pp. 119 - 134). Mahwah, NJ: Lawrence Erlbaum Associates.

Mellor, B., & Patterson, A. (2004). Poststructuralism in English classrooms: Critical literacy and after. *International Journal of Qualitative Studies in Education, 17*(1), 83 - 98.

Morgan, W. (1997). *Critical literacy in the classroom: The art of the possible*. London, UK: Routledge.

第八章　结语

撰写本书时，我有幸深度参与了一项新的研究。在这个名为"'新时代'的批判性多元素养"项目里，我们与七年级和八年级的教师以及学生合作，深入研究如何将批判性多元素养教育融入新西兰课堂之中。在项目开展的第一年，我的研究同事简·蒂尔森(Jane Tilson)和我经常感慨：鼓励这些教师与学生批判性地分析文本有多重要，尤其是当学生能借助电子技术的便利在校内外接触更广泛的文本之时。我们也经常感叹新西兰批判性素养教育资源之匮乏。我希望《思维的种子》一书能部分地填补这一空白。

我们学到了什么？本章我们将用一系列反思性问题(见表 6)和一个审核工具(见表 7)，逐一重访《思维的种子》的关键信息。在发展和实施适合自身语境的批判性素养教学时，你可以使用这两张表格记录你的进展。但是，首先我会讨论你如何在学生的帮助下使用审核路径(Vasquez, 2004)反思批判性素养教学。

批判性素养的审核路径

我相信教师不仅应该独立或与同事一起反思批判性素养教学，也应当让学生参与进来。一个支持师生反思的有效方式是审核路径(Vasquez, 2001;2004; Vasquez 等, 2003)。在质化研究中，审核路径由"让你能从头到尾向别人展示你的工作、帮助他们理解你选择的道路并判断你成果价值的文件记录"(Maykut & Morehouse, 1994, p. 146)组成。这意味着它提供了一条清晰透明的研究数据和分析数据的轨迹，让你的读者更好地了解你如何得出这些研究结果，从而更加信任你的发现。薇薇安·维斯盖(Vivian Vasquez, 2001)和她的学生就采用了一条审核路径来公开展示他们的批判性素养课程。他们收集了一些物品：学生作品、信件、书籍封面、绘画、报纸文章、照片，甚至被学生称为“学习墙”的教室墙上对话的文字稿。维斯盖记录了他们讨论的广泛的议题：环境、性别平等、媒体和其他“与权力和控制有关的问题”。审核路径即：

> 利用一些物品建立起理论联系，让孩子重访、重读、重新构想一种促成课程建构的批判性素养生活，对课堂建构产生积极的影响。(Vasquez, 2001, pp.57－58)

因此，对维斯盖和她的学生来说，审核路径是一种记录和反思他们的批判性素养课程的公开方式。通过审核工具(见表 7)的使用，你可能希望和学生一起构建出你的审核路径，公开展示你是如何构建批判性素养教学和课程的。实现这一目标的方式很多：它可以实体形式出现在教室的一面墙上，供任何进教室的人参观；它也可用虚拟形式发表在课堂维基百科或博客页面上，允许家长访问。我相信审核路径这一工具可以让你公开展示你和学生接触的批判性素养领域、促进讨论、让你的学生在进步过程中作出更多贡献。

反思关键主题

针对表 6 的问题，请写下你们的回答。为了唤起记忆，你可能需要重读表中提到的章节。你可能会发现有些问题正来自之前的“反思时刻”，但我觉得我们有必要在此重复这些问题，帮助你反思本书的关键主题。你可能发现这些问题在集体反思——如联合会议或教师学习小组——中也同样有用。

表 6　主题反思

现在你对批判性素养的理解是什么？(第二章)
你的批判性素养的基础是哪个理论，或理论的哪一部分(批判理论、后现代主义理论或其他)？(第二章)
把权力当成生产性力量对批判性素养教育有什么影响？(第二章)

续 表

你打算如何改变你当前的对话使用方式？（第三章）
当你试着和学生建立对话时，你想记住什么？（第三章）
你会在批判性素养项目中使用哪些文本？（第四章）
你如何确保你能问出广泛多样的批判性素养问题？（第四章）
你觉得你在教授批判性素养时的角色是什么？（第四章）
你觉得在批判性素养中学生的角色是什么？（第四章）
你会用与你对批判性素养理解一致的测评形式吗？（第五章）
你如何在你的批判性素养教学中融入前馈、反馈和后馈？（第五章）
你如何融入同伴测评和自我测评？（第五章）
你如何用学生声音指导你的批判性素养教学？（第六章）
你如何让学生意识到你听到了他们的声音？（第六章）
在你的批判性素养教学中，你采取什么规范性立场？为什么？（第七章）
在你的批判性素养教学中，你鼓励哪些形式的社会行动？为什么？（第七章）
你怎么组建一个教师学习小组去改善你的批判性素养教学？
之后你要怎么做？

批判性素养审核工具

作为长期目标，你可以使用表7工具记录你的批判性素养教学。你可能想在一个学期或学年内持续使用这个工具。我们在本小节中（上文）讨论审核足迹时就曾提及，你可能希望学生和同事也参与进来，共同运用审核工具。

感谢你陪伴着批判性素养研究团队和我走完这段旅途。我们期待你的探索。

亲切的问候

苏珊

表 7 批判性素养教学的审核工具

关注领域	激发反思问题				
文本选择	我们分析了哪些书面文本?	我们分析了哪些视觉文本?	我们分析了哪些电子文本?	我们分析了哪些活生生的文本?	我们分析了哪些移动的文本?
元语言	我们提出了哪些术语?				
提问	我们考虑了读者带入文本中的不同知识/经验吗?	我们考虑了读者在建构意义中的角色了吗?	我们考虑了包含/排除吗?	我们考虑了再现吗?	我们总会在分析时思考“那又如何?”了吗?
对话	我们怎么使用对话?	学生在对话中的角色是什么?	问了哪些类型的问题?	和学生发言比起来,教师发言的频率有多高?	
课程领域	我们探索了哪些课程领域?				
测评(反馈)	学生要去哪儿(前馈)?	学生进行得怎么样(反馈)?	下一步去哪里?(后馈)		
	口头反馈? 书面反馈?	口头反馈? 书面反馈?	口头反馈? 书面反馈?		
学生声音	学生是如何参与的?	如何利用学生声音反思批判性素养教学活动?			

附 录

附录 A:批判性素养问题

针对文本,我们可以问哪些批判性素养问题?

这些问题可针对绝大多数口头文本、书面文本、视觉文本、多媒体文本和表演文本。它们鼓励学生质疑他们认为理所当然的观点。

批判性素养问题

文本目的

- 文本是关于什么的?我们是如何获知的?
- 谁最有可能阅读和/或看到这一文本?为什么?
- 为什么我们要阅读和/或观看这一文本?
- 文本的创造者想让我们知道什么?

文本结构和特征

- 文本的结构和特征是什么?
- 文本属于哪种类型?
- 图片说明了什么?
- 文字说明了什么?
- 文本用了哪种语言?

人物建构

- 文本中的孩子、青少年或年轻人是如何被建构的?
- 文本中的成年人是如何被建构的?
- 为什么文本创造者以某种特定方式再现人物?

空隙与缄默

- 文本中存在“空隙”与“缄默”吗?
- 文本中缺失了什么?
- 文本中忽略了什么?
- 哪些关于文本的问题没被文本提出来?

权力和利益

- 文本倾向于谁的利益?
- 谁从文本中获益?
- 文本公平吗?
- 为了理解文本,读者/观众需要哪些知识?
- 文本作者是如何定位读者或观众的?
- 文本如何刻画年龄、性别和/或文化群体?
- 文本中谁的观点被排除了? 谁的观点被突出了?
- 谁被允许发声? 谁的话被引用了?
- 为什么文本采取这种写作方式?

谁的观点:谁的现实?

- 文本代表了哪种世界观?
- 文本描绘了哪种社会现实?
- 文本是如何建构它的现实的?

- 文本中哪些是真的?
- 在另一个时间、地点或文化中,文本的讲述方式会有什么不同?

审视作者

- 哪些人带着什么样的利益和价值观创造了这个文本?
- 文本作者假定读者/观看者拥有怎样的世界观和价值观?我们是怎么知道的?

多元意义

- 文本有哪些其他的解读方式?
- 语境因素如何影响文本解读?
- 文本如何鼓励你生产意义?
- 文本有哪些其他的书写方式?

附录B:元语言汇编

能动性(Agency)

能动性指读者在分析后有权利赞同或者反对特定文本中的建构和再现。它也可以指读者可能会根据其批判性文本分析结果采取行动。

偏见(Bias)

基于感知到的特征,作者和读者可能会对某些人或者事物展现出一种不公平的倾向性或厌恶。例如,一个作者可能会把一个胖子再现为懒惰的人;这说明他对肥胖者带有偏见,因为并非所有肥胖者都很懒惰。

社区文本(Community texts)

学生在课堂之外接触到的文本,如燕麦盒子、垃圾邮件、电视广告等。

建构(Construction)

这是作者生产文本的过程。它涉及作者有意或无意地选择文本中包含什么、排除什么,以及人和事的再现方式。

批判性素养(Critical literacy)

在《思维的种子》一书中,批判性素养描述教师和学生如何解构被传统视为理所当然的文本(Lankshear, 1994)。我们相信课堂实践中的批判性素养包括让学生意识到:

- 文本是社会建构的产物;
- 文本不是中性的;
- 作者采用特定话语(通常是主导性话语),并假定读者也能运用它们;
- 作者在构建文本时做出某些有意和无意的选择;
- 这意味着所有文本都有空隙或缄默,其中存在特定的再现形式,而且,
- 文本影响我们对自身、他人和世界的理解。

对我们来说,批判性素养的另一个重要方面是支持学生将文本与他们的生活经历联系起来。

(Sandretto & Critical Literacy Research Team, 2006, pp.23—24)

解构(Deconstruction)

拆解文本(或分析文本中的话语)以更好地理解其结构和影响。

话语(Discourse)

话语一词强调语言的力量,让我们关注语言在不同语境下的运作方式。比如说,拼读法教学的话语和整体语言的话语塑造出不同的素养教学。

显性阅读(Dominant reading)

显性阅读指读者对文本的解读和作者的预设解读一致。它往往是最普遍最流行的解读方式。例如：以支持主流性别建构的方式理解一个性别化的文本。

排除(Exclusion)

排除指没有相关知识或经验的读者感觉自己被文本排除在外。排除也可以指读者在文本中找不到自己的定位，如一篇关于祖父的文本对祖父的再现与读者自己祖父的形象不符。

空隙和缄默(Gaps and silences)

有些文本忽略对某些议题的讨论。例如，一个关于全球变暖的故事可能只讨论一个可能的原因或视角。通过思考文本中的空隙和缄默，读者可以发现文本是如何牺牲他人以促进某些团体的利益的。

意识形态(Ideology)

意识形态可以被理解为一种思维框架。例如，一个女性主义群体可能信奉女性主义意识形态。这种意识形态影响他们对文本的理解。

包含(Inclusion)

包含指有些读者因其知识和/经验感觉被文本包含其中。比如说，在阅读一篇关于打鱼的文本时，如果一名读者的打鱼经历与文本的再现一致，该读者可能觉得自己被文本包含其中了。

互文性(Intertextuality)

互文性指文本如何相互联系、相互指涉。比如流行情景喜剧《辛普森一家》(*The Simpsons*)经常提及其他流行媒体、电影、书籍等文本。

元语言(Metalanguage)

元语言是谈论语言的语言。批判性素养的元语言包括偏见、刻板印象等有助于文本分析的术语。

协商(Negotiate)

读者在文本的多元解读中生产意义的过程。在协商多种可能的解读时,读者可能会偏向于某些解读。

教学(Pedagogy)

虽然,教学一词来自古希腊语,本意是“引导孩子”,但是,它现在更多地被理解成艺术和科学的教学(Abercrombie 等,2000)。

定位(Positioning)

我们在话语中被定位也在话语中定位自身。因为文本采取某种特定话语,读者也以某种特定方式被定位。例如,如果一个文本将妈妈再现为传统家庭主妇,它就排除了所有不遵循这一生活模式的妈妈。我们在定位自身时也具备一些能动性。我们可以选择成为和文本再现中不一样的妈妈。因此,我们可以选择不同的话语定位自己。批判性素养鼓励学生思考他们和他人是如何被文本中的话语定位的。

权力(Power)

在《思维的种子》一书中,权力在社会领域中流动。权力既是生产性的也是压迫性的。在课堂上学生和教师都拥有权力;权力在这两个群体之间此消彼长。

优先(Privilege)

文本支持或优先选择某些价值观和意义。在批判性素养中,读者需要思考他们如何理解文本，以及谁或什么被特定解读方式赋予了优先意义。

解读(Readings)

解读指文本可以多种方式(即通过多元解读)被理解。

重构(Reconstruction)

重构可以发生在解构之后。师生可以重新创造或重新建构新的文本，以不同的方式定位或再现人物。例如，如果文本刻画出女孩的负面形象，学生或教师可能希望创造一个新文本，以另一种方式定位女孩。因此我们重构出的文本可以更加符合我们支持的话语。在学生写作中应用批判性素养时，重构是一种尤为有用的方式。

再现(Representation)

任何文本都不是中立的。作者以特定方式建构话题、人物等。这些再现影响我们对文本的理解和我们对特定群体或话题的看法。

刻板印象(Stereotype)

刻板印象是对一个群体过分简化的看法或印象。例如，“戴眼镜的人都是聪明人”就是一个常见的刻板印象。

文本(Text)

任何用于交流的媒介。文本可以是书面的(书籍、写作、短消息)，音频的(音乐)，口头的(说话)，视觉的(艺术、照片)，电子的(网站)或移动的(电影)。当然，不同的文本类型之间存在一些重叠。它是由社会符号和象征建构出来的。

附录 C:刺激回忆访谈问题

开场

感谢你们今天抽出时间和我们交流你们的学习。我们会用这些信息改善批判性素养教学。

1. 你觉得今天这节课的重点是什么?(你今天学到了哪些批判性素养知识?)
2. 今天的课上有你们不知道的词吗?(现在你更熟悉哪些“词汇表”里的词或批判性素养的词?)
3. 批判性素养对你来说意味着什么?
4. 什么是文本?
5. 你觉得我们为什么要学习批判性素养?
6. 教师今天做了什么来帮助你学习批判性素养?
7. 当你的观点和教师的(或班级大部分同学的)观点不一样的时候,你有信心表达自己的观点吗?
8. 如果你是教师,你会怎么帮助学生学习批判性素养?

附录 D:资源清单

1. 课堂计划模板

这个模板可以帮助你规划批判性素养的课程。参见第四章的讨论,尤其是对模板的详解。

2. 批判性素养问题

正如我们在第四章所言,这些问题来自塔斯马尼亚教育部。你可以修改这些问题,以便它们更符合你所用的文本水平和你教授的学生程度。

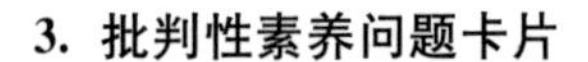

3. 批判性素养问题卡片

这是由塔斯马尼亚教育部提供的问题制成的卡片,你可以将卡片彩打出来并加一层塑封。在第四章我们就曾提及,你可以采用不同的方式去使用这些卡片,帮助你的学生成长为文本分析者。

4. 提纲

我们在第二章介绍并讨论的批判性素养提纲是一个宝贵资源。批判性素养研究团队的教师把 A3 纸大小的提纲贴在墙上支持学生的学习。

5. 测评工具

第五章讨论了许多测评工具。你可以在不同的时间、根据不同的目的使用不同的工具。第五章提供了大量测评工具支持你的批判性素养教学。

(1) 反馈/课堂计划模板

你可以用反馈/课堂计划模板规划如何将前馈、反馈和后馈融入你的课堂中。

(2) 同伴测评标准

当你想要帮助学生学习互相测评时,你可以使用同伴测评标准。你需要直接教授测评标准的细节,之后你可能还想要和他们一起进行事后检视,以促进同伴测评的进一步发展和使用。

(3) 自我测评工具

自我测评工具让你的学生在培养文本分析能力时进行自我测评。它可以作为前测/后测有效地评估学生的进展。

(4) **批判性素养测评标准封面页和批判性素养测评标准**

批判性素养测评标准封面页和批判性素养测评标准帮助你判断学生文本分析能力的进展。你可以在设计前测/后测时使用它。在第五章里我们说过,在第一次使用时,你可能要录下学生的回答,因为很难迅速地当场给学生归类。你可能要找一名经验丰富的同事一起讨论学生的测评结果,提高测评结果的信度。

(5) **批判性素养学习故事**

你可以使用批判性素养学习故事描绘学生文本分析的进展。

(6) **批判性素养学习故事:学生和家长评论**

批判性素养学习故事:学生和家长的评论让学生和/或家长讨论他们目前学到了什么,参与进学生文本分析的进展之中。教师可以用这个故事指导"下一步去哪里"。

(7) **主题反思**

我们在第八章里曾谈及,主题反思让你反思阅读《思维的种子》时经历的旅程。它既可以单独进行,也可以在一个教师学习小组里进行。

(8) **批判性素养审核工具**

在第八章里,我们探讨了你的长期目标:创造批判性素养教学和测评审核足迹。你可能希望学生也一起参与构建审核足迹,以获得进一步的反思机会。

参考书目

Abercrombie, N., Hill, S., & Turner, B. S. (2000). The Penguin dictionary of sociology. London, UK: Penguin Books.

Absolum, M., Flockton, L., Hattie, J., Hipkins, R., & Reid, I. (2009). Directions for assessment in New Zealand (DANZ): Developing students' assessment capabilities. Wellington: Ministry of Education.

Agger, B. (1991). Critical theory, poststructuralism, postmodernism: Their sociological relevance. Annual Review of Sociology, 17(1), 105 - 131.

Alton-Lee, A. (2003). Quality teaching for diverse students in schooling: Best evidence synthesis. Wellington: Ministry of Education.

Anderson, G. L., & Irvine, P. (1993). Informing critical literacy with ethnography. In C. Lankshear & P. L. McLaren (Eds.), Critical literacy: Politics, praxis and the postmodern (pp. 81 - 104). Albany, NY: State University of New York Press.

Andrade, H. G. (2005). Teaching with rubrics: The good, the bad, and the ugly. College Teaching, 53(1), 27 - 30.

Andreotti, V. (2010). Global education in the '21st century': Two different perspectives on the 'post-' of postmodernism. International Journal of Development Education and Global Learning, 2(2), 5 - 22.

Andrusyszyn, M.-A., & Davie, L. (1997). Facilitating reflection through interactive journal writing in an online graduate course: A qualitative study. Distance Education, 12(1/2), 103 - 126.

Angelo, T. A., & Cross, K. P. (1993). Classroom assessment techniques: A handbook for college teachers (revised ed.). San Francisco, CA: Jossey-Bass.

Anstey, M., & Bull, G. (2000). Reading the visual: Written and illustrated children's literature. Sydney, NSW: Harcourt.

Anstey, M., & Bull, G. (2006). Teaching and learning multiliteracies: Changing times, changing literacies. Newark, DE: International Reading Association.

Anyon, J. (1994). The retreat of Marxism and socialist feminism: Postmodern and poststructural theories in education. Curriculum Inquiry, 24(2), 115 - 133.

Anyon, J., Dumas, M.J., Linville, D., Nolan, K., Pérez, M., Tuck, E., et al. (2009). Theory and educational research: Toward critical social explanation. New York: Routledge.

Apple, M.W. (1993). Between moral regulation and democracy: The cultural contradictions of the text. In C. Lankshear & P.L. McLaren (Eds.), Critical literacy: Politics, praxis and the postmodern (pp. 193 - 217). Albany, NY: State University of New York Press.

Apple, M.W. (2010). Putting "critical" back into education research. Educational Researcher, 39(2), 152 - 155.

Applebee, A.N., Langer, J.A., Nystrand, M., & Gamoran, A. (2003). Discussion based approaches to developing understanding: Classroom instruction and student performance in middle and high school English. American Educational Research Journal, 40(3), 685 - 730.

Archambault, R.D. (Ed.). (1964). John Dewey on education: Selected writings. Chicago, IL: University of Chicago Press.

Arnot, M., & Reay, D. (2007). A sociology of pedagogic voice: Power, inequality and pupil consultation. Discourse: Studies in the Cultural Politics of Education, 28(3), 311 - 325.

Aronowitz, S., & Giroux, H.A. (1991). Postmodern education: Politics, culture, and social criticism. Minneapolis, MN: University of Minnesota Press.

Atkinson, E. (2000). The promise of uncertainity: Education, postmodernism and the politics of possibility. International Studies in Sociology of Education, 10(1), 81 - 99.

Auger, T. (2003). Student-centered reading: A review of the research on literature circles. EPS Update, May, 1 - 2.

Avery, D. (2003). Modern architecture. London, UK: Chaucer Press.

Ayers, W. (2001). To teach: The journey of a teacher (2nd ed.). New York, NY: Teachers College Press.

Bailin, S., Case, R., Coombs, J.R., & Daniels, L.B. (1999). Common misconceptions of critical thinking. Journal of Curriculum Studies, 31(3), 269 - 283.

Ball, S.J. (1990). Introducing Monsieur Foucault. In S. Ball (Ed.), Foucault and education: Discipline and knowledge (pp. 1 - 7). London, UK: Routledge.

Ball, S.J. (1995). Intellectuals or technicians? The urgent role of theory in educational studies.

British Journal of Educational Studies, 43(3), 255 - 271.

Barber, B.R. (1984). Strong democracy: Participatory politics for a new age. Berkeley, CA: University of California Press.

Bartlett, J. (2005a). Curriculum integration in the junior secondary school. Curriculum Matters, 1, 172 - 186.

Bartlett, J. (2005b). Inquiry-based curriculum integration in the secondary school. set: Research Information for Teachers, 3, 39 - 43.

Bartlett, M. (1996). The Ultra-Mega-Awesome Surprise. School Journal, Part 1(4), 2 - 6.

Beach, R., Campano, G., Edminston, B., & Borgmann, M. (2010). Literacy tools in the classroom: Teaching through critical inquiry, Grades 5 - 12. New York, NY: Teachers College Press.

Beach, R., Clemens, L., & Jamsen, K. (2009). Digital tools: Assessing digital communication and providing feedback to student writers. In A. Burke & R.F. Hammett (Eds.), Assessing new literacies: Perspectives from the classroom (pp. 157 - 176). New York, NY: Peter Lang.

Beck, S., Bertholle, L., & Child, J. (1961). Mastering the art of French cooking. New York, NY: Alfred A. Knopf.

Berlin, J.A. (1993). Literacy, pedagogy, and English studies: Postmodern connections. In C. Lankshear & P.L. McLaren (Eds.), Critical literacy: Politics, praxis and the postmodern (pp.247 - 269). Albany, NY: State University of New York Press.

Bingham, C., & Sidorkin, A.M. (Eds.). (2004). No education without relation. New York, NY: Peter Lang.

Bishop, R. (2005). Pathologizing the lived experiences of the indigenous Māori people of Aotearoa/New Zealand. In C. Shields, R. Bishop & A.E. Mazawi (Eds.), Pathologizing practices: The impact of deficit thinking on education (pp. 55 - 84). New York, NY: Peter Lang.

Bishop, R., & Berryman, M. (2006). Culture speaks: Cultural relationships and classroom learning. Wellington: Huia Publishing.

Black, P., Harrison, C., Lee, C., Marshall, B., & Wiliam, D. (2003). Assessment for learning: Putting it into practice. Maidenhead, Berkshire, UK: Open University Press.

Black, P., & Wiliam, D. (1998a). Assessment and classroom learning. Assessment in Education, 5(1), 7 - 74.

Black, P., & Wiliam, D. (1998b). Inside the black box: Raising standards through classroom assessment. Phi Delta Kappan, 80(2), 139 - 148.

Bloom, B. S. (1953). Thought processes in lectures and discussions. Journal of General Education, 7, 160 - 170.

Bloom, B.S. (1984). Bloom's taxonomy. Retrieved 24 June 2010, from http://www.coun.uvic.ca/learning/exams/blooms-taxonomy.html Bloom's taxonomy of cognitive levels: Table of verbs. (1999). Retrieved 24 June 2010, from http://edtech.clas.pdx.edu/presentations/frr99/blooms.htm

Boler, M. (1999). Feeling power: Emotions and education. New York, NY: Routledge.

Boler, M. (Ed.). (2004). Democratic dialogue in education: Troubling speech, disturbing silence. New York, NY: Peter Lang.

Borasi, R., & Rose, B.J. (1989). Journal writing and mathematics instruction. Educational Studies in Mathematics, 20(4), 347 - 365.

Bouffler, C. (Ed.). (1992). Literacy evaluation: Issues and practicalities. Newtown, NSW: Primary English Teaching Association.

Brabham, E.G., & Villaume, S.K. (2000). Continuing conversations about literature circles. The Reading Teacher, 54(3), 278 - 280.

Bragg, S. (2001). Taking a joke: Learning from the voices we don't want to hear. Forum, 43(2), 70 - 73.

Bragg, S., & Fielding, M. (2005). It's an equal thing ... It's about achieving together: Student voices and the possibility of a radical collegiality. In H. Street & J. Temperley (Eds.), Improving schools through collaborative inquiry (pp. 105 - 135). London, UK: Continuum.

Brooker, L. (1995). Looking after grandpa. School Journal, Part 1(4), 13 - 16.

Brown, G., Irving, E., & Keegan, P. (2008). An introduction to educational assessment, measurement and evaluation (2nd ed.). Rosedale: Pearson Education.

Brown, G.T.L. (2008). Conceptions of assessment: Understanding what assessment means to teachers and students. New York, NY: Nova Science Publishers.

Brown, S.M. (1997). Early steps towards critical literacy. Primary English Notes (Pen), 109, 1-6.

Browne, A. (1995). Hansel and Gretel. London, UK: Walker Books.

Buckingham, D. (1998). Pedagogy, parody and political correctness. In D. Buckingham (Ed.), Teaching popular culture: Beyond radical pedagogy (pp.63-87). London, UK: UCL Press.

Bull, G., & Anstey, M. (2010). Evolving pedagogies: Reading and writing in a multimodal world. Carlton, Vic: Curriculum Press.

Burke, A., & Hammett, R. F. (2009a). Assessing new literacies: Perspectives from the classroom. New York, NY: Peter Lang.

Burke, A., & Hammett, R. F. (2009b). Introduction: Rethinking assessment from the perspective of new literacies. In A. Burke & R. F. Hammett (Eds.), Assessing new literacies: Perspectives from the classroom (pp.1-13). New York, NY: Peter Lang.

Butler, J.P. (1997). The psychic life of power: Theories in subjection. Stanford, CA: Stanford University Press.

Butler, S. M., & McMunn, N. D. (2006). A teacher's guide to classroom assessment: Understanding and using assessment to improve student learning. San Francisco, CA: Jossey-Bass.

Calderhead, J. (1981). Stimulated recall: A method for research on teaching. British Journal of Educational Psychology, 51, 211-217.

Carabine, J. (2001). Unmarried motherhood 1830-1990: A genealogical analysis. In M. Wetherell, S. Taylor & S.J. Yates (Eds.), Discourse as data: A guide for analysis (pp.267-310). London, UK: Sage.

Carlsen, W. (1991). Questioning in classrooms: A sociolinguistic perspective. Review of Educational Research, 61(2), 157-178.

Carr, M. (2001). Assessment in early childhood settings: Learning stories. London, UK: Paul Chapman Publishing.

Carr, M., May, H., Podmore, V.N., Cubey, P., Hatherly, A., & Macartney, B. (2002). Learning and teaching stories: Action research on evaluation in early childhood in Aotearoa-New Zealand. European Early Childhood Education Research Journal, 10(2), 115-125.

Carter, K. (1993). The place of story in the study of teaching and teacher education.

Educational Researcher, 22(1), 5-12, 18.

Cazden, C.B. (2001). Classroom discourse: The language of teaching and learning (2nd ed.). Portsmouth, UK: Heinemann Educational Books.

Cherland, M. (2008). Harry's girls: Harry Potter and the discourse of gender. Journal of Adolescent & Adult Literacy, 52(4), 273-282.

Chifney, K. (2005). New beds. Chicago, IL: Rigby Reading.

Chong, D. (1993). How people think, reason, and feel about rights and liberties. American Journal of Political Science, 37(3), 867-899.

Christoph, J. N., & Nystrand, N. (2001). Taking risks, negotiating relationships: One teacher's transition toward a dialogic classroom. Research in the Teaching of English, 36(2), 249-286.

Clarke, S. (2005). Formative assessment in the secondary classroom. London, UK: Hodder & Stoughton.

Clay, M.M. (1979). The early detection of reading difficulties. Auckland: Heinemann.

Cohen, E.G. (1986). Designing groupwork: Strategies for the heterogenous classroom. New York, NY: Teachers College Press.

Cole, M. (2003). Might it be in the practice that it fails to succeed? A Marxist critique of claims for postmodernism and poststructuralism as forces for social change and social justice. British Journal of Sociology of Education, 24(4), 487-500.

Cole, M., Hill, D., & Rikowski, G. (1997). Between postmodernism and nowhere: The predicament of the postmodernist. British Journal of Educational Studies, 45(2), 187-200.

Comber, B. (2001a). Critical literacies and local action: Teacher knowledge and a "new" research agenda. In B. Comber & A. Simpson (Eds.), Negotiating Critical Literacies in Classrooms (pp. 271-282). Mahwah, NJ: Lawrence Erlbaum Associates.

Comber, B. (2001b). Critical literacy: Power and pleasure with language in the early years. Australian Journal of Language and Literacy, 24(3), 168-181.

Comber, B., & Kamler, B. (2004). Getting out of deficit: Pedagogies of reconnection. Teaching Education, 15(3), 293-310.

Comber, B., Thomson, P., & Wells, M. (2001). Critical literacy finds a "place": Writing and social action in a low-income Australian grade 2/3 classroom. Elementary School Journal, 101

(4), 451 - 464.

Connelly, F. M., & Clandinin, D. J. (1990). Stories of experience and narrative inquiry. Educational Researcher, 19(5), 2 - 14.

Constas, M. A. (1998). Research news and comment: The changing nature of educational research and a critique of postmodernism. Educational Researcher, 27(2), 26 - 33.

Cook-Sather, A. (2002a). Authorizing students' perspectives: Towards trust, dialogue, and change in education. Educational Researcher, 31(4), 3 - 14.

Cook-Sather, A. (2002b). Re(in)forming the conversations: Student position, power, and voice in teacher education. Radical Teacher(64), 21 - 28.

Cook-Sather, A. (2006a). "Change based on what students say": Preparing teachers for a paradoxical model of leadership. International Journal of Leadership in Education, 9(4), 345 - 358.

Cook-Sather, A. (2006b). Sound, presence, and power: "Student voice" in educational research and reform. Curriculum Inquiry, 36(4), 359 - 390.

Cook-Sather, A. (2007). Resisting the impositional potential of student voice work: Lessons for liberatory educational research from poststructuralist feminist critiques of critical pedagogy. Discourse: Studies in the Cultural Politics of Education, 28(3), 389 - 403.

Cook-Sather, A. (2008). "What you get is looking in a mirror, only better": Inviting students to reflect (on) college teaching. Reflective Practice, 9(4), 473 - 483.

Cook-Sather, A. (2010). Students as learners and teachers: Taking responsibility, transforming education, and redefining accountability. Curriculum Inquiry, 40(4), 555 - 575.

Cope, B., & Kalantzis, M. (2009). "Multiliteracies": New literacies, new learning. Pedagogies: An International Journal, 4(3), 164 - 195.

Cornelius-White, J. (2007). Learner-centered teacher-student relationships are effective: A meta-analysis. Review of Educational Research, 77(1), 113 - 143.

Cowley, J. (2003). Uncle Andy's singlet. School Journal, Part 2(2), 30 - 32.

Crotty, M. (1998). The foundations of social research: Meaning and perspective in the research process. London, UK: Sage.

Culican, S. J. (2007). Troubling teacher talk: The challenge of changing classroom discourse patterns. The Australian Educational Researcher, 34(2), 7 - 27.

Cumming, J.J., & Maxwell, G.S. (1999). Contextualising authentic assessment. Assessment in Education, 6(2), 177 - 194.

Cunat, M. (1996). Vision, vitality and values: Advocating the democratic classroom. In L.E. Beyer (Ed.), Creating democratic classrooms: The struggle to integrate theory and practice (pp.127 - 149). New York, NY: Teachers College Press.

Daniels, H. (2006). What's the next big thing with literature circles? Voices from the Middle, 13(4), 10 - 15.

Darling-Hammond, L. (2006). Powerful teacher education: Lessons from exemplary programs. San Francisco, CA: Jossey-Bass.

Darvin, J. (2007). Teaching critical literacy principles to math and science educators. Teaching Education, 18(3), 245 - 256.

Davies, B. (1990). Agency as a form of discursive practice: A classroom scene observed. British Journal of Sociology of Education, 11(3), 341 - 361.

Davies, B. (1994). Poststructuralist theory and classroom practice. Geelong, Vic: Deakin University Press.

Davies, B. (1997a). Constructing and deconstructing masculinities through critical literacy. Gender and Education, 9(1), 9 - 30.

Davies, B. (1997b). The subject of post-structuralism: A reply to Alison Jones. Gender and Education, 9(3), 271 - 283.

Davies, B. (2000). A body of writing 1990 - 1999. Walnut Creek, CA: Alta Mira Press.

Davies, B. (2004). Introduction: Poststructuralist lines of flight in Australia. International Journal of Qualitative Studies in Education, 17(1), 3 - 9.

Davies, B., Browne, J., Gannon, S., Honan, E., Laws, C., Mueller-Rockstroh, B., et al. (2004). The ambivalent practices of reflexivity. Qualitative Inquiry, 10(3), 360 - 389.

Davies, B., & Harré, R. (1990). Positioning: The discursive production of selves. Journal for the Theory of Social Behaviour, 20(1), 43 - 63.

Davies, J., & Merchant, G. (2007). Looking from the inside out: Academic blogging as new literacy. In M. Knobel & C. Lankshear (Eds.), A new literacies sampler (pp.167 - 197). New York, NY: Peter Lang.

Day, C. (1999). Professional development and reflective practice: Purposes, processes and partnerships. Pedagogy, Culture & Society, 7(2), 221 - 233.

de Bono, E. (2000). Six thinking hats. London, UK: Penguin.

de Freitas, E. (2008). Critical mathematics education: Recognizing the ethical dimensions of problem solving. In L. Wallowitz (Ed.), Critical literacy as resistance: Teaching for social justice across the secondary curriculum (pp. 47 - 63). New York, NY: Peter Lang.

Department of Education Tasmania. (2009). Critical literacy. Retrieved 16 August, 2011, from http://www.education.tas.gov.au/curriculum/standards/english/english/teachers/critlit

DeVoogd, G. (2006). Question authority: Kids need to be skeptical of the curriculum. It's the only way to develop a balanced view of the world. School Library Journal, 52(4), 48 - 52.

Dozier, C., Johnston, P., & Rogers, R. (2006). Critical literacy, critical teaching: Tools for preparing responsive teachers. New York, NY: Teachers College Press.

Drummond, M.-J. (2008). Assessment and values: A close and necessary relationship. In S. Swaffield (Ed.), Unlocking assessment: Understanding for reflection and application (pp. 3 - 19). London, UK: Routledge.

Duke, N. K., & Pearson, P. D. (2002). Effective practices for developing reading comprehension. In A. E. Farstrup & S. J. Samuels (Eds.), What research has to say about reading comprehension (3rd ed., pp. 205 - 242). Newark, DE: International Reading Association.

Earl, L. (2003). Assessment as learning: Using classroom assessment to maximize student learning. Thousand Oaks, CA: Corwin Press.

Earl, L., & Katz, S. (2008). Getting to the core of learning: Using assessment for self-monitoring and self-regulation. In S. Swaffield (Ed.), Unlocking assessment: Understanding for reflection and application (pp. 90 - 104). London, UK: Routledge.

Edelsky, C., & Cherland, M. (2006). A critical issue in critical literacy: The "popularity effect". In K. Cooper & R. E. White (Eds.), The practical critical educator: Critical inquiry and educational practice (pp. 17 - 33). Dordrecht, The Netherlands: Springer.

Education Queensland. (2000). Literate futures: Report of the literacy review for Queensland State schools. Brisbane, Qld: The State of Queensland (Department of Education).

Education Review Office. (2010). Framework for school reviews-Draft June 2010. Wellington: Author.

Ellsworth, E. (1989). Why doesn't this feel empowering? Working through the repressive myths of critical pedagogy. Harvard Educational Review, 59(3), 297 - 324.

Ennis, R. H. (1989). Critical thinking and subject specificity: Clarification and needed research. Educational Researcher, 18(3), 4 - 10.

Ephron, N. (2009). Julie & Julia. Culver City, CA: Columbia Pictures.

Featherstone, M. (1988). In pursuit of the postmodern: An introduction. Theory, Culture & Society, 5(2), 195 - 215.

Fehring, H. (2005). Critical, analytical and reflective literacy assessment: Reconstructing practice. Australian Journal of Language and Literacy, 28(2), 95 - 113.

Fergusson, D. M., & Horwood, L. J. (1997). Gender differences in educational achievement in a New Zealand birth cohort. New Zealand Journal of Educational Studies, 32(1), 83 - 96.

Fielding, M. (1999). Radical collegiality: Affirming teaching as an inclusive professional practice. Australian Educational Researcher, 26(2), 1 - 34.

Fielding, M. (2004a). "New wave" student voice and the renewal of civic society. London Review of Education, 2(3), 197 - 217.

Fielding, M. (2004b). Transformative approaches to student voice: Theoretical underpinnings, recalcitrant realities. British Educational Research Journal, 30(2), 295 - 311.

Fisher, A. (2008). Teaching comprehension and critical literacy: Investigating guided reading in three primary classrooms. Literacy, 42(1), 19 - 28.

Flutter, J. (2006). "This place could help you learn": Student participation in creating better school environments. Educational Review, 58(2), 183 - 193.

Flutter, J., & Rudduck, J. (2004). Consulting pupils: What's in it for schools? London, UK: RoutledgeFalmer.

Foucault, M. (1972). The archaeology of knowledge (A. M. S. Smith, trans.). London, UK: Routledge.

Foucault, M. (1978). The history of sexuality, Volume I: An introduction (R. Hurley, trans.). London, UK: Penguin Books.

Foucault, M. (1980). The history of sexuality: Interview. Oxford Literary Review, 4(2), 3 - 14.

Foucault, M. (1983). The subject and power. In H. L. Dreyfus & P. Rabinow (Eds.), Michel

Foucault: Beyond structuralism and hermeneutics (2nd ed., pp. 208 - 226). Chicago, IL: University of Chicago Press.

Foucault, M. (1984a). On the genealogy of ethics: An overview of work in progress. In P. Rabinow (Ed.), The Foucault reader (pp. 340 - 372). New York, NY: Pantheon Books.

Foucault, M. (1984b). Politics and ethics: An interview. In P. Rabinow (Ed.), The Foucault reader (pp. 373 - 380). New York, NY: Pantheon Books.

Foucault, M. (1984c). Truth and power. In P. Rabinow (Ed.), The Foucault reader (pp. 51 - 75). New York, NY: Pantheon Books.

Foucault, M. (1984d). What is enlightenment? In P. Rabinow (Ed.), The Foucault reader (pp. 32 - 50). New York: Pantheon Books.

Foucault, M. (1988a). Politics, philosophy, culture: Interviews and other writings 1977 - 1984. New York, NY: Routledge.

Foucault, M. (1988b). Technologies of the self. In L. H. Martin, H. Gutman & P. H. Hutton (Eds.), Technologies of the self: A seminar with Michel Foucault (pp. 16 - 49). London, UK: Tavistock Publications.

Foucault, M. (1988c). The care of the self: The history of sexuality (R. Hurley, trans. Vol. 3). New York, NY: Vintage Books.

Foucault, M. (1988d). The ethic of care for the self as a practice of freedom (J. D. Gauthier, trans.). In J. Bernaurer & D. Rasmussen (Eds.), The final Foucault (pp. 1 - 20). Cambridge, MA: The MIT Press.

Foucault, M. (1994). Self writing (R. Hurley, trans.). In P. Rabinow (Ed.), Ethics, subjectivity and truth (pp. 207 - 222). New York, NY: The New Press.

Frank, A. (2002). The diary of a young girl. London, UK: Puffin Books.

Freire, P. (1998). Teachers as cultural workers: Letters to those who dare teach. Boulder, CO: Westview.

Freire, P. (1999). Pedagogy of the oppressed (M.B. Ramos, trans. revised ed.). New York, NY: Continuum.

Freire, P., & Macedo, D. (1987). Literacy: Reading the word and the world. London, UK: Routledge

Freire, P., & Macedo, D. (2003). Rethinking literacy: A dialogue. In A. Darder, M. P.

Baltodano & C.A. Torres (Eds.), The critical pedagogy reader (pp. 354 - 364). New York, NY: Routledge Falmer.

Fullan, M.G. (1991). The new meaning of educational change (2nd ed.). London, UK: Cassell.

Gambrell, L.B. (1985). Dialogue journals: Reading-writing interaction. The Reading Teacher, 38(6), 512 - 515.

García, G.E., & Pearson, P.D. (1994). Assessment and diversity. Review of Research in Education, 20, 337 - 391.

Gee, J.P. (1990). Social linguistics and literacies: Ideology in discourses. London, UK: Falmer Press.

Gee, J.P. (1993). Postmodernism and literacies. In C. Lankshear & P.L. McLaren (Eds.), Critical literacy: Politics, praxis, and the postmodern (pp. 271 - 295). Albany, NY: State University of New York Press.

Gee, J.P. (1996). Social linguistics and literacies: Ideology in discourses (2nd ed.). New York, NY: RoutledgeFalmer.

Gee, J.P., Hull, G., & Lankshear, C. (1996). The new work order: Behind the language of the new capitalism. St Leonards, NSW: Allen & Unwin.

Ghahremani-Ghajar, S., & Mirhosseini, S. A. (2005). English class or speaking about everything class? Dialogue journal writing as a critical EFL literacy practice in an Iranian high school. Language, Culture and Curriculum, 18(3), 286 - 299.

Ghirardo, D.Y. (1996). Architecture after modernism. London, UK: Thames and Hudson.

Giroux, H. (2003). Critical theory and educational practice. In A. Darder, M.P. Baltodano & R.D. Torres (Eds.), The critical pedagogy reader (pp. 27 - 56). New York, NY: Routledge.

Gore, J. (2003). What we can do for you! What can "we" do for "you"?: Struggling over empowerment in critical and feminist pedagogy. In A. Darder, M. P. Baltodano & R. D. Torres (Eds.), The critical pedagogy reader (pp. 331 - 348). New York, NY: Routledge.

Guba, E.G. (1990). The alternative paradigm dialog. In E.G. Guba (Ed.), The paradigm dialog (pp. 17 - 27). London, UK: Sage.

Guba, E. G., & Lincoln, Y. S. (2005). Paradigmatic controversies, contradictions, and emerging confluences. In N. K. Denzin & Y. S. Lincoln (Eds.), The Sage handbook of qualitative research (3rd ed., pp. 191 - 215). Thousand Oaks, CA: Sage.

Gulikers, J. T. M., Bastiaens, T. J., & Kirschner, P. A. (2004). A five-dimensional framework for authentic assessment. Educational Technology, Research and Development, 52 (3), 67 - 86.

Hadjioannou, X. (2007). Bringing the background to the foreground: What do classroom environments that support authentic discussion look like? American Educational Research Journal, 44(2), 370 - 399.

Hagood, M. C. (2002). Critical literacy for whom? Reading Research and Instruction, 41(3), 247 - 266.

Hall, A. (2001). Professionalism and teacher ethics. In C. McGee & D. Fraser (Eds.), The professional practice of teaching (pp. 273 - 300). Palmerston North, New Zealand: Dunmore Press.

Hamilton, M. (2006). Listening to student voice. Curriculum Matters, 2, 128 - 145.

Hammett, R. F. (2007). Assessment and new literacies. E-Learning, 4(3), 343 - 354.

Hammond, J., & Macken-Horarik, M. (1999). Critical literacy: Challenges and questions for ESL classrooms. TESOL Quarterly, 33(3), 528 - 544.

Harada, V. H. (2006). Personalizing the information search process: A case study of journal writing with elementary-age students. School Library Media Research, 5. Retrieved Access Date, Access 2006, from http://www.ala.org/ala/mgrps/divs/aasl/aaslpubsandjournals/slmrb/slmrcontents/volume52002/harada.cfm doi:

Harouni, H. (2009). High school research and critical literacy: Social studies with and despite Wikipedia. Harvard Educational Review, 79(3), 473 - 494.

Harrison, C. (2004). Postmodern principles for responsive reading assessment. Journal of Research in Reading, 27(2), 163 - 173.

Hattie, J., & Timperley, H. (2007). The power of feedback. Review of Educational Research, 77(1), 81 - 112.

Heffernan, L., & Lewison, M. (2005). What's lunch got to do with It? Critical literacy and the discourse of the lunchroom. Language Arts, 83(2), 107 - 117.

Hill, M. (2000). Dot, slash, cross: How assessment can drive teachers to ticking instead of teaching. set: Research Information for Teachers(1), 21 - 25.

Hill, M. (2001). Classroom assessment and evaluation. In C. McGee & D. Fraser (Eds.), The professional practice of teaching (2nd ed., pp. 176 - 200). Palmerston North: Dunmore Press.

Hogan, T., & Craven, J. (2008). Disempowering the authority of science: Preparing students for a public voice. In L. Wallowitz (Ed.), Critical literacy as resistance: Teaching for social justice across the secondary curriculum (pp. 65 - 84). New York, NY: Peter Lang.

Holdaway, D. (1979). The foundations of literacy. Sydney, NSW: Ashton Scholastic.

Howard, R. (2001). A beautiful mind. Universal City, CA: Universal Studios.

Huffaker, D. (2005). The educated blogger: Using weblogs to promote literacy in the classroom. AACE Journal, 13(2), 91 - 98.

Hughes, J. (1986). Ferris Bueller's day off. Los Angeles, CA: Paramount Pictures.

Jacobs, J. (1972). The death and life of great American cities. Harmondsworth, UK: Penguin.

James, M. (2008). Assessment and learning. In S. Swaffield (Ed.), Unlocking assessment: Understanding for reflection and application (pp. 20 - 35). London, UK: Routledge.

James, M., Black, P., Carmichael, P., Conner, C., Dudley, P., Fox, A., et al. (2006). Learning how to learn: Tools for schools. London, UK: Routledge.

Janks, H. (2000). Domination, access, diversity, and design: A synthesis for critical literacy education. Educational Review, 52(2), 175 - 186.

Jewett, P., & Smith, K. (2003). Becoming critical: Moving toward a critical literacy pedagogy. Action in Teacher Education, 25(3), 65 - 77.

Jewitt, C. (2008). Multimodality and literacy in school classrooms. Review of Research in Education, 32, 241 - 267.

Jewitt, C., & Kress, G. R. (Eds.). (2003). Multimodal literacy. New York, NY: Peter Lang.

Johnston, P. H., & Costello, P. (2005). Principles for literacy assessment. Reading Research Quarterly, 40(2), 256 - 267.

Johnston, P. H., & Nicholls, J. G. (1995). Voices we want to hear and voices we don't. Theory into Practice, 34(2), 94 - 100.

Jones, A. (1993). Becoming a "girl": Post-structuralist suggestions for educational research. Gender and Education, 5(2), 157 - 166.

Jones, A. (1999). The limits of cross-cultural dialogue: Pedagogy, desire and absolution in the classroom. Educational Theory, 49(3), 299 - 316.

Jones, S. (2006). Girls, social class, and literacy: What teachers can do to make a difference. Portsmouth, UK: Heinemann.

Jones, S. (2009). Making connections with multiliteracies. Wellington: Ministry of Education.

Kalantzis, M., Cope, B., & Harvey, A. (2003). Assessing multiliteracies and the New Basics. Assessment in Education: Principles, Policy & Practice, 10(1), 15 - 26.

Katz, S. (1995). How to speak and write postmodern. Retrieved 9 June, 2010, from http://www.cscs.umich.edu/~crshalizi/how-to-talk-postmodern.html

Kellner, D. (1988). Postmodernism as social theory: Some challenges and problems. Theory, Culture & Society, 5(2), 239 - 269.

Kesey, K. (1973). One flew over the cuckoo's nest. London, UK: Picador.

Kimball, M. (2005). Database e-portfolio systems: A critical appraisal. Computers and Composition, 22(4), 434 - 458.

Kincheloe, J. L., McLaren, P., & Steinberg, S. R. (1997). Series editors' foreword. In H. Giroux (Ed.), Pedagogy and the politics of hope: Theory, culture and schooling (pp. ix-xiv). Boulder, CO: Westview Press.

Klenner, S. R. (2008). Habermas and Foucault: Theories for thinking about teacher subjectivity. Unpublished master's thesis, University of Otago, Dunedin.

Knobel, M., & Healy, A. (Eds.). (1998). Critical literacies in the primary classroom. Newtown, NSW: Primary English Teaching Association.

Koro-Ljungberg, M., Yendol-Hoppey, D., Smith, J. J., & Hayes, S. B. (2009). (E) pistemological awareness, instantiation of methods, and uninformed methodological ambiguity in qualitative research projects. Educational Researcher, 38(9), 687 - 699.

Kozol, J. (1991). Savage inequalities: Children in America's schools. New York, NY: Harper Perennial.

Kymlicka, W. (1990). Contemporary political philosophy. Oxford, UK: Clarendon Press.

Lalik, R., & Oliver, K. L. (2007). Differences and tensions in implementing a pedagogy of critical literacy with adolescent girls. Reading Research Quarterly, 42(1), 46 - 70.

Lankshear, C. (1994). Critical Literacy. Belconnen, ACT: Australian Curriculum Studies

Association.

Lather, P. (1991). Getting smart: Feminist research and pedagogy with/in the postmodern. New York, NY: Routledge.

Lather, P. (2000). Against empathy, voice and authenticity. Women, Gender & Research, 4, 16-25.

Lather, P. (2006). Paradigm proliferation as a good thing to think with: Teaching research in education as a wild profusion. International Journal of Qualitative Studies in Education, 19(1), 35-57.

Lather, P.A. (2007). Getting lost: Feminist efforts toward a double(d) science. New York, NY: State University of New York Press.

Laws, C., & Davies, B. (2000). Poststructuralist theory in practice: Working with "behaviourally disturbed" children. International Journal of Qualitative Studies in Education, 13(3), 205-221.

Lee, C. (2009). Listening to the sound deep within critique in critical literacy. Journal of Educational Thought, 43(2), 133-149.

Lee, H. (1960). To kill a mockingbird. New York, NY: Fawcett Popular Library.

Leonardo, Z. (2010). Critical empiricism: Reading data with social theory. Educational Researcher, 39(2), 155-160.

Lewison, M., Flint, A.S., & Van Sluys, K. (2002). Taking on critical literacy: The journey of newcomers and novices. Language Arts, 79(5), 382-392.

Lewison, M., Leland, C., & Harste, J. (2008). Creating critical classrooms: K-8 reading and writing with an edge. Mahwah, NJ: Lawrence Erlbaum Associates.

Lin, C.-H. (2004). Literature circles. Teacher Librarian, 31(3), 23-25.

Lincoln, Y.S. (1995). In search of students' voices. Theory into Practice, 34(2), 88-93.

Lissitz, R. W., & Samuelsen, K. (2007). Dialogue on validity: A suggested change in terminology and emphasis regarding validity and education. Educational Researcher, 36(8), 437-448.

Long, T.W., & Gove, M.K. (2003/2004). How engagement strategies and literature circles promote critical response in a fourth-grade, urban classroom. The Reading Teacher, 57(4), 350-361.

Lortie, D. (1975). Schoolteacher. Chicago, IL: University of Chicago Press.

Love, K. (2008). Being critically literate in science. In L. Wallowitz (Ed.), Critical literacy as resistance: Teaching for social justice across the secondary curriculum (pp. 29 - 46). New York, NY: Peter Lang.

Lowry, L. (1989). Number the stars. Boston, MA: Houghton Mifflin.

Luke, A. (1995). When basic skills and information processing aren't enough: Rethinking reading in new times. Teachers College Record, 97(1), 95 - 115.

Luke, A. (2000). Critical literacy in Australia: A matter of context and standpoint. Journal of Adolescent and Adult Literacy, 43(5), 448 - 461.

Luke, A., & Carrington, V. (2002). Globalisation, literacy, curriculum practice. In R. Fisher, G. Brooks & M. Lewis (Eds.), Raising standards in literacy (pp. 231 - 250). London, UK: Routledge/Falmer.

Luke, A., & Freebody, P. (1997). Critical literacy and the question of normativity: An introduction. In S. Muspratt, A. Luke & P. Freebody (Eds.), Constructing critical literacies: Teaching and learning textual practice (pp. 1 - 18). St. Leonards, NSW: Allen & Unwin.

Luke, A., & Freebody, P. (1999). Further notes on the four resources model. Reading online Retrieved 10 July, 2008, from http://www.readingonline.org/research/lukefreebody.html

Luke, A., O'Brien, J., & Comber, B. (2001). Making community texts objects of study. In H. Fehring & P. Green (Eds.), Critical literacy: A collection of articles from the Australian Literacy Educators' Association (pp. 112 - 123). Newark, DE: International Reading Association.

Lundy, L. (2007). 'Voice' is not enough: conceptualising Article 12 of the United Nations Convention on the Rights of the Child. British Educational Research Journal, 33(6), 927 - 942.

Lyle, J. (2003). Stimulated recall: A report on its use in naturalistic research. British Educational Research Journal, 29(6), 861 - 878.

Lyotard, J.-F. (1984). The postmodern condition: A report on knowledge (G. Bennington & B. Massumi, trans.). Manchester, UK: Manchester University Press.

MacBeath, J. (2006). Finding a voice, finding self. Educational Review, 58(2), 195 - 207.

MacBeath, J., Demetriou, H., Rudduck, J., & Myers, K. (2003). Consulting pupils: A toolkit for teachers. Cambridge, UK: Pearson.

Macedo, D., & Bartolomé, L. I. (2001). Dancing with bigotry: Beyond the politics of tolerance. New York, NY: Palgrave.

MacLure, M. (1995). Postmodernism: A postscript. Educational Action Research, 3(1), 105 - 116.

Martello, J. (2001). Drama: Ways into critical literacy in the early childhood years. The Australian Journal of Language and Literacy, 24(3), 195 - 207.

Maykut, P., & Morehouse, R. (1994). Beginning qualitative research: A philosophic and practical guide. London, UK: Falmer Press.

Mayo, P. (1995). Critical literacy and emancipatory politics: The work of Paulo Freire. International Journal of Educational Development, 15(4), 363 - 379.

McClay, J. K., & Mackey, M. (2009). Distributed assessment in OurSpace: This is not a rubric. In A. Burke & R. F. Hammett (Eds.), Assessing new literacies: Perspectives from the classroom (pp. 111 - 132). New York, NY: Peter Lang.

McDaniel, C. (2004). Critical literacy: A questioning stance and the possibility for change. The Reading Teacher, 57(5), 472 - 481.

McIntyre, E. (2007). Story discussion in the primary grades: Balancing authenticity and explicit teaching. The Reading Teacher, 60(7), 610 - 620.

McLaren, P. (1988). Culture or cannon? Critical pedagogy and the politics of literacy. Harvard Educational Review, 58(2), 213 - 234.

McLaren, P. (1998). Life in schools: An introduction to critical pedagogy in the foundations of education (3rd ed.). New York: Longman.

McLaren, P. (1999). A pedagogy of possibility: Reflecting upon Paulo Freire's politics of education: In memory of Paulo Freire. Educational Researcher, 28(2), 49 - 56.

McLaren, P., & Lankshear, C. (1993). Critical literacy and the postmodern turn. In C. Lankshear & P. McLaren (Eds.), Critical literacy: Politics, praxis, and the postmodern (pp. 379 - 419). Albany, NY: State University of New York Press.

McLaren, P., & Torres, R. (1999). Racism and multicultural education: Rethinking 'race' and 'whiteness' in late capitalism. In S. May (Ed.), Critical multiculturalism: Rethinking multicultural and antiracist education (pp. 42 - 76). London, UK: Falmer Press.

McLaughlin, M., & DeVoogd, G. (2004a). Critical literacy as comprehension: Expanding reader response. Journal of Adolescent & Adult Literacy, 48(1), 52 - 63.

McLaughlin, M., & DeVoogd, G. (2004b). Critical literacy: Enhancing students' comprehension of text. New York, NY: Scholastic.

McWilliam, E. (1993). 'Post' haste: Plodding research and galloping theory. British Journal of Sociology of Education, 14(2), 199 - 205.

Meacham, S.J., & Buendia, E. (1999). Modernism, postmodernism, and poststructuralism and their impact on literacy. Language Arts, 76(6), 510 - 516.

Meighan, R. (1978). Editorial. Educational Review, 30(2), 91.

Mellor, B., & Patterson, A. (2001). Teaching readings. In B. Comber & A. Simpson (Eds.), Negotiating critical literacies in classrooms (pp. 119 - 134). Mahwah, NJ: Lawrence Erlbaum Associates.

Mellor, B., & Patterson, A. (2004). Poststructuralism in English classrooms: Critical literacy and after. International Journal of Qualitative Studies in Education, 17(1), 83 - 98.

Mercer, N., & Littleton, K. (2007). Dialogue and the development of children's thinking: A sociocultural approach. London, UK: Routledge.

Mill, J. S. (1909, 29/11/97). On liberty. Retrieved 9 February, 2005, from http://www.billstclair.com/Serendipity/on_lib.html

Miller, B. (2006). Happy feet. Burbank, CA: Warner Home Video.

Mills, K. (2008). Will large-scale assessments raise literacy standards in Australian schools? Australian Journal of Language and Literacy, 31(3), 211 - 225.

Mills, K.A. (2010). A review of the "digital turn" in the New Literacy Studies. Review of Educational Research, 80(2), 246 - 271.

Ministry of Education. (1996). Te whāriki: Early childhood curriculum. Wellington: Learning Media Limited.

Ministry of Education. (2003). Effective literacy practice in years 1 - 4. Wellington: Learning Media.

Ministry of Education. (2005). Guided reading: Years 5 - 8.

Ministry of Education. (2007a). Diagnostic interview (Numeracy professional development projects: Book 2). Wellington: Author.

Ministry of Education. (2007b). The New Zealand curriculum for English-medium teaching and learning in years 1 - 13. Wellington: Learning Media Ltd.

Ministry of Education. (2010). Ministry of Education position paper: Assessment [Schooling Sector]. Wellington: Ministry of Education.

Misson, R., & Morgan, W. (2006). Critical literacy and the aesthetic: Transforming the English classroom. Urbana, IL: National Council of Teachers of English.

Mitsoni, F. (2006). "I get bored when we don't have the opportunity to say our opinion": Learning about teaching from students. Educational Review, 58(2), 159 - 170.

Moje, E. B. (2007). Developing socially just subject-matter instruction: A review of the literature on disciplinary literacy teaching. Review of Research in Education, 31, 1 - 44.

Moje, E. B., Ciechanowski, K. M., Kramer, K., Ellis, L., Carrillo, R., & Collazo, T. (2004). Working toward Third Space in content area literacy: An examination of everyday Funds of Knowledge and discourse. Reading Research Quarterly, 39(1), 38 - 70.

Moll, L. C., Amanti, C., Neff, D., & Gonzalez, N. (1992). Funds of knowledge for teaching: Using a qualitative approach to connect homes and classrooms. Theory into Practice, 31(2), 132 - 141.

Moore, R., & Muller, J. (1999). The discourse of "voice" and the problem of knowledge and identity in the sociology of education. British Journal of Sociology of Education, 20(2), 189 - 206.

Morgan, W. (1997). Critical literacy in the classroom: The art of the possible. London, UK: Routledge.

Morgan, W., & Wyatt-Smith, C. M. (2000). Im/proper accountability: Towards a theory of critical literacy and assessment. Assessment in Education, 7(1), 123 - 142.

Morrell, E. (2004). Becoming critical researchers: Literacy and empowerment for urban youth. New York, NY: Peter Lang.

Morrell, E. (2008). Critical literacy and urban youth: Pedagogies of access, dissent, and liberation. New York, NY: Routledge.

Moskal, B. M., & Leydens, J. A. (2000). Scoring rubric development: Validity and reliability. Practical Assessment, Research & Evaluation, 7(10). Retrieved 1 September, 2009, from http://PAREonline.net/getvn.asp?v=7&n=10

Mueller, J. (2008). Authentic assessment toolbox: Rubrics. Retrieved 17 March, 2009, from http://jonathan.mueller.faculty.noctrl.edu/toolbox/rubrics.htm

Mulcahy, C.M. (2008). The tangled web we weave: Critical literacy and critical thinking. In L. Wallowitz (Ed.), Critical literacy as resistance: Teaching for social justice across the secondary curriculum (pp.15 - 27). New York, NY: Peter Lang.

Murdoch, K., & Wilson, J. (2004). Learning links: Strategic teaching for the learnercentred classroom. Carlton, Vic: Curriculum Corporation.

New Zealand Teachers Council. (2003). Code of ethics for registered teachers. Retrieved 1 June, 2011, from http://www.teacherscouncil.govt.nz/required/ethics/index.stm

Newfield, D., Andrew, D., Stein, P., & Maungedzo, R. (2003). "No number can describe how good it was": Assessment issues in the multimodal classroom. Assessment in Education: Principles, Policy & Practice, 10(1), 61 - 81.

Newmann, F.M., & Archbald, D.A. (1992). The nature of authentic academic achievement. In H. Berlak, F.M. Newmann, E. Adams, D.A. Archbald, T. Burgess & J. Raven, et al. (Eds.), Toward a new science of educational testing and assessment (pp. 71 - 84). Albany, NY: State University of New York Press.

Nicolini, M.B. (2008). Chatting with letters: Developing empathy and critical literacy through writing communities. English Journal, 97(5), 76 - 80.

Noll, E. (1994). Social issues and literature circles with adolescents. Journal of Reading, 38 (2), 88 - 93.

Noonan, D. (2002). Dress-up kit number one. School Journal, Part 1(1), 9 - 15.

Nussbaum, E. M. (2002). The process of becoming a participant in small-group critical discussions: A case study. Journal of Adolescent & Adult Literacy, 45(6), 488 - 497.

Nystrand, M. (1997). Opening dialogue: Understanding the dynamics of language and learning in the English classroom. New York, NY: Teachers College Press.

Nystrand, M. (2006). Research on the role of classroom discourse as it affects reading comprehension. Research in the Teaching of English, 40(4), 392 - 412.

Nystrand, M., & Gamoran, A. (1989). Instructional discourse and student engagement. Madison, WI: National Center on Effective Secondary Schools.

O'Brien, J. (2001). Children reading critically: A local history. In B. Comber & A. Simpson

(Eds.), Negotiating Critical Literacies in Classrooms (pp. 37 - 54). Mahwah, NJ: Lawrence Erlbaum Associates.

O'Loughlin, M. (1995). Daring the imagination: Unlocking voices of dissent and possibility in teaching. Theory into Practice, 34(2), 107 - 116.

O'Neill, J., & Scrivens, C. (2005). The renaissance of outcomes-based assessment. In P. Adams, K. Vossler & C. Scrivens (Eds.), Teachers' work in Aotearoa New Zealand (pp. 193 - 205). Southbank, Vic: Thomson/Dunmore Press.

O'Quinn, E. J. (2005). Critical literacy in democratic education: Responding to sociopolitical tensions in U.S. schools. Journal of Adolescent & Adult Literacy, 49(4), 260 - 267.

Olssen, M., Codd, J., & O'Neill, A.-M. (2004). Education policy: Globalization, citizenship and democracy. London, UK: Sage.

Orner, M. (1992). Interrupting the calls for student voice in 'liberatory' education: A feminist postructuralist perspective. In C. Luke & J. Gore (Eds.), Feminisms and critical pedagogy (pp. 74 - 89). New York: Routledge.

Paley, V. G. (1986). On listening to what the children say. Harvard Educational Review, 56 (2), 122 - 131.

Palinscar, A. S., & Brown, A. L. (1984). Reciprocal teaching of comprehension-fostering and comprehension-monitoring activities. Cognition & Instruction, 1(2), 117 - 175.

Palmer, P. J. (1998). The courage to teach: Exploring the inner landscape of a teacher's life. San Francisco, CA: Jossey-Bass.

Pardo, L. S. (2004). What every teacher needs to know about comprehension. The Reading Teacher, 58(3), 272 - 280.

Parkes, B. (2000). Read it again: Revisiting shared reading. Portland, ME: Stenhouse.

Paul, R. W. (1985). Bloom's Taxonomy and critical thinking instruction. Educational Leadership, 42(8), 36 - 39.

Peyton, J. K. (2000). Dialogue journals: Interactive writing to develop language and literacy. Retrieved 20 December, 2010, from http://www.cal.org/caela/esl_resources/digests/Dialogue_Journals.html

Peyton, J. K., & Seyoum, M. (1989). The effect of teacher strategies on students' interactive writing: The case of dialogue journals. Research in the Teaching of English, 23(3), 310 - 334.

Pilonieta, P., & Medina, A. L. (2009). Reciprocal teaching for the primary grades: "We can do it, too!". The Reading Teacher, 63(2), 120 - 129.

Powell, J. (2002). The Julie/Julia project. Retrieved 21 December, 2010, from http://blogs.salon.com/0001399/2002/08/25.html

Powell, R. (1992). Goals for the language arts program: Toward a democratic vision. Language Arts, 69(5), 342 - 349.

Powell, R., Chambers-Cantrell, S., & Adams, S. (2001). Saving Black Mountain: The promise of critical literacy in a multicultural democracy. The Reading Teacher, 54(8), 772 - 781.

Pressley, M., & Block, C. C. (2002). Summing up: What comprehension instruction could be. In C. C. Block & M. Pressley (Eds.), Comprehension instruction: Researchbased best practices (pp. 383 - 392). New York, NY: The Guilford Press.

Prieto, M. (2001). Students as agents of democratic renewal in Chile. FORUM, 43(2), 87 - 90.

Quintero, E. P. (2009). Critical literacy in early childhood education: Artful story and the integrated curriculum. New York, NY: Peter Lang.

Rajagopalan, K. (1998). On the theoretical trappings of the thesis of anti-theory; or, why the idea of theory may not, after all, be all that bad: A response to Gary Thomas. Harvard Educational Review, 68(3), 335 - 352.

Reay, D. (2006). "I'm not seen as one of the clever children": Consulting primary school pupils about the social conditions of learning. Educational Review, 58(2), 171 - 181.

Reay, D., & Arnot, M. (2004). Participation and control in learning: A pedagogic democratic right? In L. Poulson & M. Wallace (Eds.), Learning to read critically in teaching and learning (pp. 151 - 172). London, UK: Sage.

Reed, Y. (2008). No rubric can describe the magic: Multimodal designs and assessment challenges in a postgraduate course for English teachers. English Teaching: Practice and Critique, 7(3), 26 - 41.

Richer, S., & Weir, L. (Eds.). (1995). Beyond political correctness: Toward the inclusive university. Toronto, ON: University of Toronto Press.

Ritzer, G., & Goodman, D. (2002). Postmodern social theory. In J. H. Turner (Ed.), Handbook of sociological theory (pp. 151 - 169). New York, NY: Kluwer.

Robinson, E., & Robinson, S. (2003). What does it mean? Discourse, text, culture: An Introduction. Sydney, NSW: McGraw-Hill Book Company.

Rodgers, C. R. (2006). Attending to student voice: The impact of descriptive feedback on learning and teaching. Curriculum Inquiry, 36(2), 211 - 237.

Roe, M.F., & Stallman, A.C. (1994). A comparative study of dialogue and response journals. Teaching and Teacher Education, 10(6), 579 - 588.

Rogers, R., Mosley, M., Kramer, M.A., & The Literacy for Social Justice Teacher Research Group (Eds.). (2009). Designing socially just learning communities: Critical literacy education across the lifespan. New York, NY: Routledge.

Rogoff, B., Matusov, E., & White, C. (1996). Models of teaching and learning: Participation in a community of learners. In D. R. Olson & N. Torrance (Eds.), The handbook of education and human development (pp. 373 - 398). Oxford, UK: Blackwell.

Rosenblatt, L.M. (1970). Literature as exploration. London, UK: Heinemann.

Rosenshine, B., & Meister, C. (1994). Reciprocal teaching: A review of the research. Review of Educational Research, 64(4), 479 - 530.

Rowe, M. B. (1986). Wait time: Slowing down may be a way of speeding up! Journal of Teacher Education, 37(1), 43 - 50.

Rudduck, J. (2006). The past, the papers and the project. Educational Review, 58(2), 131 - 143.

Rudduck, J. (2007). Student voice, student engagement, and school reform. In D. Thiessen & A. Cook-Sather (Eds.), International handbook of student experience in elementary and secondary school (pp. 587 - 610). Dordrecht, The Netherlands: Springer.

Rush, L. (2004). First steps toward a full and flexible literacy: Case studies of the Four Resource Model. Reading Research and Instruction, 43(3), 37 - 55.

Russell, T., McPherson, S., & Martin, A.K. (2001). Coherence and collaboration in teacher education reform. Canadian Journal of Education, 26(1), 37 - 55.

Samway, K.D., & Whang, G. (1996). Literature study circles in a multicultural classroom. York, ME: Stenhouse.

Sandretto, S. (2009, 13 - 17 April). The difficult task of developing tools to capture student growth in critical literacy: Some promising ways forward. Paper presented at the Annual

Meeting of the American Educational Research Association, San Diego.

Sandretto, S. (2010). A reparative reading of a confessional narrative of "inclusion": Working within an "ethic of discomfort". International Journal of Learning Annual Review, 17(3), 255 - 268.

Sandretto, S., & Critical Literacy Research Team. (2006). Extending guided reading with critical literacy. set: Research Information for Teachers, 3, 23 - 28.

Sandretto, S., & Critical Literacy Research Team. (2008). A collaborative self-study into the development and integration of critical literacy practices: Final report. Wellington: Teaching and Learning Research Initiative.

Sandretto, S., Kane, R., & Heath, C. (2002). Making the tacit explicit: A teaching intervention programme for early career academics. International Journal for Academic Development, 7(2), 135 - 145.

Sandretto, S., & Ledington, S. (2010). Nitty gritty teacher's resource book: Series 1. North Shore: Pearson.

Sandretto, S., Tilson, J., Hill, P., Howland, R., Parker, R., & Upton, J. (2006). A collaborative self-study into the development of critical literacy practices: Final report. Wellington: Teaching and Learning Research Initiative.

Sawyer, R.K. (2004). Creative teaching: Collaborative discussion as disciplined improvisation. Educational Researcher, 33(2), 12 - 20.

Schultz, J., & Cook-Sather, A. (Eds.). (2001). In our own words: Students' perspectives on school. Lanham, MD: Rowman & Littlefield Publishers.

Schutz, A. (2000). Teaching freedom? Postmodern perspectives. Review of Educational Research, 70(2), 215 - 251.

Scott, D., & Morrison, M. (2005). Key ideas in educational research. London, UK: Continuum.

Scott, J.W. (1988). Deconstructing equality-versus-difference: Or, the uses of postructuralist theory for feminism. Feminist Studies, 14(1), 33 - 50.

Shakur, T. (2004). Ghetto gospel [music video]. Atlanta, GA: Amaru.

Shannon, P., & Luke, A. (1991). Questions & answers: Critical literacy. The Reading Teacher, 44(7), 518 - 519.

Shaw, P., Morrison, R., & McCredie, P. (2003). A history of New Zealand architecture.

Auckland: Hodder Moa Beckett.

Sholle, D. (1992). Authority on the left: Critical pedagogy, postmodernism and vital strategies. Cultural Studies, 6(2), 271 - 289.

Sholle, D., & Denski, S. (1993). Reading and writing the media: Critical media literacy and postmodernism. In C. Lankshear & P. McLaren (Eds.), Critical Literacy: Politics, praxis and the postmodern (pp. 297 - 321). Albany, NY: State University of New York Press.

Shor, I. (1999). What is critical literacy? In I. Shor & C. Pari (Eds.), Critical literacy in action (pp. 1 - 30). Portsmouth, NH: Heinemann.

Short, K. G., & Burke, C. L. (1989). New potentials for teacher education: Teaching and learning as inquiry. The Elementary School Journal, 90(2), 193 - 206.

Shosh, J. M. (2005). Wrighting: Crafting critical literacy through drama. English Journal, 95 (1), 69 - 74.

Shute, V. J. (2008). Focus on formative feedback. Review of Educational Research, 78(1), 153 - 189.

Sidorkin, A. M. (2002). Learning relations: Impure education, deschooled schools and dialogue with evil. New York, NY: Peter Lang.

Simpson, A. (1996). Critical questions: Whose questions? The Reading Teacher, 50(2), 118 - 127.

Simpson, M. M. (1962). Suggestions for teaching reading in infant classes. Wellington: Deptartment of Education.

Skidmore, D. (2000). From pedagogical dialogue to dialogical pedagogy. Language and Education, 14(4), 283 - 296.

Skidmore, D. (2006). Pedagogy and dialogue. Cambridge Journal of Education, 36(4), 503 - 514.

Smith, A. B., & Taylor, N. J. (2000). Introduction. In A. B. Smith, N. J. Taylor & M. M. Gollop (Eds.), Chidren's voices: Research, policy and practice (pp. ix-xiii). Auckland: Pearson.

Smith, M. C., Mikulecky, L., Kibby, M. W., Dreher, M. J., & Dole, J. A. (2000). RRQ Snippet: What will be the demands of literacy in the workplace in the next millennium? Reading Research Quarterly, 35(3), 378 - 383.

Smyth, J. (1992). Teachers' work and the politics of reflection. American Educational Research Journal, 29(2), 267 - 300.

Smyth, J. (2006). "When students have power": Student engagement, student voice, and the possibilities for school reform around "dropping out" of school. International Journal of Leadership in Education, 9(4), 285 - 298.

Spalding, E., & Wilson, A. (2002). Demystifying reflection: A study of pedagogical strategies that encourage reflective journal writing. Teachers College Record, 104(7), 1393 - 1421.

Spector, K., & Jones, S. (2007). Constructing Anne Frank: Critical literacy and the Holocaust in eighth grade English. Journal of Adolescent & Adult Literacy, 51(1), 36 - 48.

St. Pierre, E. A. (2000). Poststructural feminism in education: An overview. International Journal of Qualitative Studies in Education, 13(5), 477 - 515.

Stevens, L. P., & Bean, T. W. (2007). Critical literacy: Context, research and practice in the K - 12 classroom. Thousand Oaks, CA: Sage.

Stiggins, R. J. (1991). Assessment literacy. Phi Delta Kappan, 72(7), 534 - 539.

Street, B. V. (2005). At last: Recent applications of new literacy studies in educational contexts. Research in the Teaching of English, 39(4), 417 - 423.

Swaffield, S. (2008). Feedback: The central process in assessment for learning. In S. Swaffield (Ed.), Unlocking assessment: Understanding for reflection and application (pp. 57 - 72). London, UK: Routledge.

Taras, M. (2005). Assessment-summative and formative-some theoretical reflections. British Journal of Educational Studies, 53(4), 466 - 478.

Taras, M. (2008). Summative and formative assessment: Perceptions and realities. Active Learning in Higher Education, 9(2), 172 - 192.

Taylor, C., & Robinson, C. (2009). Student voice: Theorising power and participation. Pedagogy, Culture & Society, 17(2), 161 - 175.

Taylor, P. (1993). The texts of Paulo Freire. New York, NY: Open University Press.

Te Kete Ipurangi (TKI). (2011). Reporting to parents and whānau. Retrieved 1 June, 2011, from http://nzcurriculum.tki.org.nz/National-Standards/Supportingparents-and-whanau/Reporting-to-parents-and-whanau

The New London Group. (1996). A pedagogy of multiliteracies: Designing social futures.

Harvard Educational Review, 66(1), 60 - 92.

Thompson, L. (2002). Guided reading: Years 1 to 4. Wellington, New Zealand: Learning Media.

Thompson, L. (2005). Guided reading: Years 5 to 8. Wellington, New Zealand: Learning Media.

Tobin, K. (1987). The role of wait time in higher cognitive level learning. Review of Educational Research, 57(1), 69 - 95.

United Nations General Assembly. (1989). Convention on the Rights of the Child. Wellington: Office of the Commissioner for Children.

Ussher, B., & Earl, K. (2010). "Summative" and "formative": Confused by assessment terms? New Zealand Journal of Teachers' Work, 7(1), 53 - 63.

Valencia, S. W., & Calfee, R. (1991). The development and use of literacy portfolios for students, classes and teachers. Applied Measurement in Education, 4(4), 333 - 345.

Vasquez, V. (2001). Negotiating a critical literacy curriculum with young children. In B. Comber & A. Simpson (Eds.), Negotiating critical literacies in classrooms (pp. 55 - 66). Mahwah, NJ: Lawrence Erlbaum Associates.

Vasquez, V. (2004). Negotiating critical literacies with young children. Mahwah, NJ: Lawrence Erlbaum.

Vasquez, V., Muise, M.R., Adamson, S.C., Heffernan, L., Chiola-Nakai, D., & Shear, J. (2003). Getting beyond "I like the book" Creating space for critical literacy in K - 6 classrooms. Newark, NJ: International Reading Association.

Viatos, D. (1997). Zoe visits Yiayia. School Journal, Part 1(4), 11 - 18.

Walker, M. (2003). Framing social justice in education: What does the "capabilities" approach offer? British Journal of Educational Studies, 51(2), 168 - 187.

Walker, S. (1998). My mum. School Journal, Part 1(Number 5), 32.

Wallace, C. (1992). Critical literacy awareness in the EFL classroom. In N. Fairclough (Ed.), Critical Language Awareness (pp. 59 - 92). New York, NY: Longman Publishing.

Wallowitz, L. (2008a). Conclusion. In L. Wallowitz (Ed.), Critical literacy as resistance: Teaching for social justice across the secondary curriculum (pp. 225 - 230). New York, NY: Peter Lang.

Wallowitz, L. (Ed.). (2008b). Critical literacy as resistance: Teaching for social justice across the secondary curriculum. New York, NY: Peter Lang.

Weedon, C. (1997). Feminist practice and poststructuralist theory (2nd ed.). Oxford, UK: Blackwell Publishers.

Wenger, E. (1998). Communities of practice: Learning, meaning, and identity. Cambridge, UK: Cambridge University Press.

Wetherell, M. (1998). Positioning and interpretative repertoires: Conversation analysis and post-structuralism in dialogue. Discourse & Society, 9(3),387 - 412.

Wilber, D.J. (2007). MyLiteracies: Understanding the net generation through LiveJournals and literacy practices. Innovate Journal of Online Education, 3(4). Retrieved 1 June, 2011, from http://www.innovateonline.info/index.php?view=article&id=384

Williams, J.A. (2010). "You know what you've done right and what you've done wrong and what you need to improve on": New Zealand students' perspectives on feedback. Assessment in Education: Principles, Policy & Practice, 17(3),301 - 314.

Wilson, J., & Jan, L. W. (2003). Focus on inquiry: A practical approach to integrated curriculum planning. Carlton, Vic: Curriculum Corporation.

Wilson, J.L., & Laman, T.T. (2007). "That was basically me": Critical literacy, text, and talk Voices from the Middle, 15(2),40 - 46.

Wilson, R.C. (1986). Improving faculty teaching: Effective use of student evaluations and consultants. The Journal of Higher Education, 57(2),196 - 211.

Wink, J. (2000). Critical pedagogy: Notes from the real world (2nd ed.). New York, NY: Longman.

Wolk, S. (2003). Teaching for critical literacy in social studies. The Social Studies, 94(3),101 - 106.

Wooldridge, N. (2001). Tensions and ambiguities in critical literacy. In B. Comber & A. Simpson (Eds.), Negotiating critical literacies in classrooms (pp.259 - 270). Mahwah, NJ: Lawrence Erlbaum Associates.

Wyatt-Smith, C.M., & Murphy, J. (2001). What English counts as writing assessment: An Australian move to mainstream critical literacy. English in Education, 35(1),12 - 31.

Yang, K.W. (2009). Mathematics, critical literacy, and youth participatory action research.

New Directions for Youth Development, 2009(123), 99 - 118.

Yost, D. S., Sentner, S. M., & Forlenza-Bailey, A. (2000). An examination of the construct of critical reflection: Implications for teacher education programming in the 21st century. Journal of Teacher Education, 51(1), 39 - 49.

Zeichner, K. M. (1994). Research on teacher thinking and different views of reflective practice in teaching and teacher education. In I. Carlgren, G. Handal & S. Vaage (Eds.), Teachers' minds and actions: research on teachers' thinking and practice (pp. 9 - 27). London, UK: Falmer Press.

Zeni, J. (Ed.). (2001). Ethical issues in practitioner research. New York, NY: Teachers College Press.